읽는 재미를 높인 초등 문해력 향상 프로그램!

바빠
독해
시리즈

바른
초등학생을 위한
빠른 독해

재미있고
궁금해서
자꾸 읽고 싶어요!

5단계
초등 5~6학년

이지스에듀

영재 교육 선생님들의 선생님!

호사라 박사

분당 영재사랑(www.영재사랑.kr) 공동 대표
고려대학교 교육대학원 교수(전)
시도 교육청 영재교사연수 강사 역임

서울대학교 교육학과에서 학사와 석사 학위를, 버지니아 대학교(University of Virginia)에서 영재 교육학 박사 학위를 취득한 영재 교육 전문가이다. 미국 연방영재센터에서 영재 교사 연수 프로그램과 영재 교육 프로그램을 개발한 다음 귀국 후에는 한국교육개발원에서 '창의성 교육 프로그램'을, 한국교육학술정보원에서 'Creative Thinker' 프로그램을 개발했다. 또한 고려대학교 교육대학원과 각 시도교육청 산하 영재교육원 교사들을 위한 강의를 통해 한국영재교육 인력을 양성하고 있는 '선생님들의 선생님'이다.

분당에 영재사랑 교육연구소를 설립하여 유년기(6~13세) 영재들을 위한 논술, 수리, 탐구 프로그램을 직접 개발하여 수업을 진행하고 있다. 16년간의 지도 경험을 바탕으로 이번에는 모든 어린이를 위한 즐거운 독해 책을 고민하며 '바쁜 초등학생을 위한 빠른 독해' 시리즈를 출간했다.

저서로는 《7살 첫 국어 1. 받침 없는 교과서 낱말》, 《7살 첫 국어 2. 받침 있는 교과서 낱말》, 《바쁜 초등학생을 위한 빠른 맞춤법 1, 2》가 있다.

바쁜 초등학생을 위한 빠른 독해 5단계

초판 1쇄 발행 2022년 3월 10일
초판 4쇄 발행 2024년 9월 26일
지은이 분당 영재사랑 교육연구소, 호사라
발행인 이지연
펴낸곳 이지스퍼블리싱(주)
출판사 등록번호 제313-2010-123호
주소 서울시 마포구 잔다리로 109 이지스 빌딩 5층(우편번호 04003)
대표전화 02-325-1722   팩스 02-326-1723
이지스퍼블리싱 홈페이지 www.easyspub.com   이지스에듀 카페 www.easysedu.co.kr
바빠 아지트 블로그 blog.naver.com/easyspub   인스타그램 @easys_edu
페이스북 www.facebook.com/easyspub2014 이메일 service@easyspub.co.kr

본부장 조은미   책임 편집 정지연, 이지혜, 박지연, 김현주   교정·교열 김아롬   문제 검수 전수민
디자인 정우영, 손한나   삽화 김학수, 이민영   사진 제공 Shutterstock.com   전산 편집 트인글터   인쇄 보광문화사
영업 및 문의 이주동, 김요한(support@easyspub.co.kr)   마케팅 라혜주   독자 지원 박애림, 김수경

ISBN 979-11-6303-335-6 64710
ISBN 979-11-6303-275-5 (세트)
가격 9,800원

• **이지스에듀**는 이지스퍼블리싱의 교육 브랜드입니다.
 (이지스에듀는 아이들을 탈락시키지 않고 모두 목적지까지 데려가는 정신으로 책을 만듭니다!)

안녕하세요! 저는 어린이들에게 사고력과 효율적인 공부법을 17년째 가르쳐 온 호 박사예요. 여러분이 바빠 독해 1~4단계를 만났다면, 제가 이 책을 왜 쓰게 되었는지 이미 알고 있을 거예요.

아! 1~4단계를 못 만났다고요? 그렇다면 제 꿈 이야기를 다시 들려드릴게요. 어느 날 꿈속에서 저는 네 어린이의 대화를 엿듣게 되었어요.

호 박사

나는 책 읽기가 싫어. 혼자 가만히 읽고 있으면 지겹고 심심해.

나는 글을 대충대충 읽어. 맞힐 수 있는 문제도 자꾸 틀려서 속상해.

나는 독해 책을 풀다가 포기했어. 자꾸 틀려서 혼나는 게 싫거든.

나는 독해 책이 재미없어서 풀다 말았어. 웃으면서 푸는 독해 책은 없을까?

이 꿈 이후로 저는 머리에 띠를 두르고 책을 쓰기 시작했어요. 심심하지 않고, 대충대충 읽는 습관을 고치고, 혼나지 않고, 웃으면서 즐겁게 공부할 수 있는 책을 상상하면서요.

1~2단계는 저학년 친구들, 3~4단계는 3, 4학년 친구들을 위한 것이었다면, 5~6단계는 중학교 입학을 앞둔 고학년 친구들의 독해력을 더 높은 수준으로 끌어올릴 수 있도록 만들었답니다. 이 책이 여러분의 독해력을 키우는 밑거름이 되길 바랄게요!

분당에 사는 '호박 사' 아니고 호 박사가.

☆ ☆ ☆

읽는 재미를 높인 초등 문해력 향상 프로그램

"재미있고 궁금해서 자꾸 읽고 싶은 독해 책이에요!"

한층 어려워진 5, 6학년 교과서 지문!

'어렵다!' 5, 6학년 교과서를 받아 본 학부모님들이 이구동성으로 하는 말씀입니다. 교과서 지문이 길어지고 어휘의 수준이 올라간 것에 그치지 않고, 다양한 방면의 배경지식 없이는 내용을 완벽하게 파악하는 것이 불가능하다는 것을 직감하기 때문입니다. 게다가 중학교 입학이 코앞인지라 학부모님들은 독해력을 기를 만한 교재를 부랴부랴 찾게 됩니다.

모든 공부의 기본! '독해력'

'독해력'이란 '글을 읽고 의미를 이해하는 능력'입니다. 문제 상황을 글로 제시하고 해결하도록 하는 학교 평가에서 높은 성취를 이루려면, '독해력'이 필수입니다. 독해력은 글의 내용과 내가 기억하고 이해한 내용이 얼마나 일치되는지 적극적으로 확인하는 과정을 반복하면서 길러집니다. 이때 거치는 과정은 학생들의 발달 단계에 맞게 차별화되어야 합니다.

5, 6학년 국어과 성취 기준에 딱 맞춘 책!

5, 6학년 학생에게는 어떤 과정이 알맞을까요? 교육부가 제시한 초등 5, 6학년 국어과 성취 기준 중에서 특히 독해력과 관련하여 5, 6학년 시기에 놓치지 말아야 할 것은 아래와 같습니다.

호 박사

나. 읽기	[6국02-02] 글의 구조를 고려하여 글 전체의 내용을 요약한다.
	[6국02-03] 글을 읽고 글쓴이가 말하고자 하는 주장이나 주제를 파악한다.
	[6국02-04] 글을 읽고 내용의 타당성과 표현의 적절성을 판단한다.
	[6국02-05] 매체에 따른 다양한 읽기 방법을 이해하고 적절하게 적용하며 읽는다.
라. 문법	[6국04-02] 국어의 낱말 확장 방법을 탐구하고 어휘력을 높이는 데에 적용한다.
	[6국04-03] 낱말이 상황에 따라 다양하게 해석됨을 탐구한다.
	[6국04-04] 관용 표현을 이해하고 적절하게 활용한다.
	[6국04-05] 국어의 문장 성분을 이해하고 호응 관계가 올바른 문장을 구성한다.

'바빠 독해'는 위 성취 기준에 기반을 둔 프로그램입니다. 어린이는 소리 내어 지문을 읽는 것으로 시작해서 글의 중심 생각을 파악하며 세부 내용을 확인한 뒤, 내용을 정리하는 과정을 반복하여 접하게 됩니다. 특히, 중·고등학교 국어 시험과 수능에 자주 출제되는 종합력, 분석력, 사고력 문항에 차츰 익숙해지면서 글을 보는 다양한 시각을 갖출 수 있게 됩니다.

| 5, 6학년이 직접 고른 재미있는 이야기들 | 아무리 좋은 책이라도 책꽂이에 꽂혀만 있다면 무용지물이기에 저는 '어린이들의 관심'에서 책이 출발해야 한다고 생각했습니다. 그래서 5, 6학년 교과서를 펼치고 연관 주제를 뽑아 목록을 만든 뒤 5, 6학년 제자들에게 보여 주며 관심 가는 주제를 직접 골라 보라고 했습니다. "이것은 꼭 넣어 주세요, 저것은 절대 넣지 말아 주세요."라고 주문하던 아이들의 모습이 생생합니다. |

'문해력'도 함께 길러요!

최근 '문해력'이 주목받고 있습니다. 문해력은 독해력에서 한 걸음 더 나아가 생각을 언어로 표현하는 능력까지 포괄하는 개념입니다. 우리는 글이라는 하나의 세계로 깊이 들어갈 때 이해도 잘하고, 자신만의 생각도 하게 됩니다. 그래서 저는 이 책에 어린이들이 자신을 대입해 볼 수 있는 친구들을 등장시켰습니다. 또래 친구인 '사랑이, 믿음이, 소망이, 엉뚱이' 그리고 귀여운 동물 친구인 '바빠독, 바쁘냥'에게 자신을 대입해 보면서 글 속으로 풍덩 빠져든다면 '문해력'도 함께 기를 수 있습니다.

초등 교과의 배경지식이 저절로!

이 책은 '고사성어, 교과 과학, 생활문, 교과 사회'로 구성되어 있습니다. '국어', '사회', '과학' 교과와 연계된 글감을 넣었으니, 이 책을 읽기만 해도 학교 공부에 바로 도움이 될 것입니다.

우리 아이들이 '바빠 독해' 책으로 더 즐겁게 독해력, 문해력을 키우기를 진심으로 바랍니다!

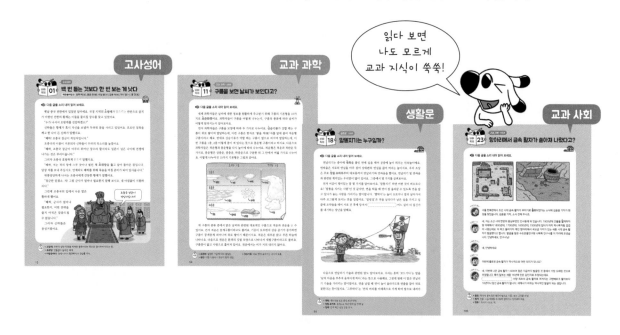

분당 영재사랑 교육연구소, 호사라 박사

이 책을 효과적으로 공부하는 방법

같이
읽어 볼까?

(🔊) **이 책은 반드시 소리 내어 읽는 것으로 시작하세요.**
소리 내어 읽으면 내용을 상상하고 머릿속에서 정리 정돈하게 돼요.

1. 종합력

내용을 축약해 보자!

읽은 글의 주장, 주제, 중심 생각을
한 문장으로 표현해 보세요.

---

1 '백문불여일견'의 뜻을 설명한 문장을 완성하세요.
종합력

> 빈칸을 채우면
> 낱말 중 1개가 남아요!
> 보기

| 상상 | 듣는 | 보는 | 확인 |

백 번 [   ] 것보다 한 번 [   ] 게 낮다는 뜻으로, 상황을 실제로

경험하고 [   ] 해야 확실히 알 수 있다는 뜻.

2. 이해력

자세히 들여다보자!

'누가, 무엇을, 어떻게, 언제, 왜?'
읽은 글의 중심 내용을 떠올려
보세요.

---

2 [   ] 안에 들어갈 내용으로 알맞은 것에 O표 하세요.
이해력

❶ 이야기 속 [북한 후한 전한]의 황제는 오랑캐의 반란으로 골치가 아팠어요.

❷ 오랑캐를 진압할 적임자로 거론된 조충국은 [일흔 여든 아흔]이 넘었어요.

3. 추론 능력

빈칸의 내용을 추측해 보자!

앞뒤 흐름을 살펴보며 빈칸에 들어
갈 내용을 추측해 보세요.

---

3 이야기를 생각하며 빈칸에 들어갈 내용을 고르세요. (   )
추론능력

이후 조충국은 반란이
일어난 곳을 직접 다녀왔고,
[   ]
성공적으로 반란을 진압하였어요.

① 부하들이 말해 준 대로 전략을 세워
② 예전에 하던 전략을 그대로 따라서
③ 그곳 상황에 가장 알맞은 전략을 세워

4. 분석력

각 부분의 성격을 파악해 보자!

각 부분의 관계와 역할을 따져 보며
'독해력'을 꼼꼼하게 길러 보세요.

---

4 오랑캐 진압에 대한 신하들과 조충국의 태도에서 보이는 차이점을 제대로 설명한 친구의 번호를
분석력 쓰세요. (   )

① 신하들은 황제가
자신을 보낼까 두려워
몸을 사리는데
조충국은 위풍당당하게
나서고 있네.

② 신하들은 상황을 직접
확인하고 전략을 세우려
하는데, 조충국은
들은 것만 가지고 전략을
세우려고 하네.

한 걸음 떨어져서 생각하자!

글의 제목, 문장, 문단의 성격, 인물의 태도 등에 대해 비판적으로 따져 보며 '문해력'도 길러 보세요.

5 다음 중 전투를 대하는 조충국 장군의 태도를 가장 잘 표현한 속담을 골라 ☐ 안에 직접 쓰세요.
사고력

아무리 전투 경험이 많은 장수라도 철저히 준비하고 계획해야 하는 법이지요.

☆ 병 주고 약 준다: 일이 안 되도록 방해하고는 도와주는 척 한다는 뜻.

☆ 돌다리도 두들겨 보고 건너라: 아무리 잘 아는 일이라도 조심하여 실수 없게 하라는 뜻.

☆ 닭 잡아먹고 오리발 내민다: 나쁜 일을 하고 간사한 꾀로 숨기려 한다는 뜻.

알맞은 속담을 쓰세요.

글의 짜임새를 되새기자!

중심 내용을 떠올리며 읽은 글의 짜임새를 저장하세요! 읽은 글의 내용을 4단계로 요약할 수 있다면 독해력의 90%는 완성된 거나 마찬가지예요!

글을 읽고 4단계로 요약하는 습관을 기르면 최고!

6 이야기의 뼈대와 줄거리입니다. 빈칸에 들어갈 말을 골라 쓰세요.
내용 정리

빈칸을 채우면 낱말 총 1개가 남아요!

보기 | 조충국 등장 백 없다 열 한 오랑캐 나이

이야기의 배경과 상황의 소개	중국 전한의 황제가 국경 지역의 ☐ 가 일으키는 반란을 물리칠 장수를 찾자 한 신하가 ☐ 을 추천했어요.
조충국의 ☐	신하들이 조충국의 ☐ 를 들며 우려할 때, 조충국이 나타나 황제에게 자신을 보내 달라고 했어요.
황제의 지원 약속에 대한 조충국의 대답	황제가 아낌없이 지원하겠다며 군사가 얼마나 필요한지 묻자, 조충국은 아직은 알 수 ☐ 고 답하여 모두를 당황하게 했어요.
조충국의 보충 설명과 반란 진압	조충국은 ☐ 번 듣는 것보다 ☐ 번 보는 게 낫다고 하며, 반란이 일어난 곳을 확인하는 게 먼저라고 했고, 이후 성공적으로 반란을 진압하였어요.

문법 실력도 기르자!

낱말의 기본형을 익히고, 동형어, 다의어, 복합어 등을 배워 어휘력을 확장하고, 중학 국어 문법의 기초도 닦아 보세요.

7 다음 낱말에서 형태가 바뀌지 않는 부분에 '−다'를 붙여 기본형을 만들어 쓰세요.
어휘력

낱말	형태가 바뀌지 않는 부분	기본형
일으키는, 일으키고, 일으키자	일으키	☐☐☐☐
웃으며, 웃고, 웃는	웃	☐☐

※기본형 예시: 읽는, 읽고, 읽어 → 읽다.

 **차례**

바쁜 초등학생을 위한 빠른 독해 ⑤ 단계

📖 초등 교과 연계

친구들이 직접 고른 재미있는 이야기들!

학교 공부에도 도움이 되네!

 차 례

6단계 차례도
살펴보세요!

바쁜 초등학생을 위한 빠른 독해 ❻단계

📖 초등 교과 연계

고사성어

고사성어는 옛이야기에서 유래된 말로 삶의 지혜와 교훈을 담고 있어요. 한글이 없던 옛날, 우리 민족은 중국의 한자를 빌려 썼기 때문에 우리 언어에는 고사성어를 비롯한 한자어가 많이 녹아 있답니다. 그래서 고사성어를 잘 알면 글을 더 깊이 이해할 수 있어요. 또한 비유적인 표현이 많고, 관용 표현으로도 널리 쓰이기 때문에 고사성어를 상황에 알맞게 사용하면 여러분의 언어생활은 더욱 풍요로워질 거예요. 아울러 사고력 문항에서 다양한 속담도 배울 수 있게 구성했으니 첫째 마당을 통해 여러분의 독해력과 어휘력을 한층 높이는 기회를 가져 보세요.

백 번 듣는 것보다 한 번 보는 게 낫다

백문불여일견 일백 백(百), 들을 문(聞), 아닐 불(不), 같을 여(如), 하나 일(一), 볼 견(見)

🔊 **다음 글을 소리 내어 읽어 보세요.**

　옛날 중국 전한에서 있었던 일이에요. 국경 지역의 오랑캐가 일으키는 반란으로 골치가 아팠던 전한의 황제는 이들을 물리칠 장수를 찾고 있었어요.

　"누가 나서서 오랑캐를 진압하겠소?"

　신하들은 황제가 혹시 자신을 보낼까 두려워 몸을 사리고 있었어요. 흐르던 침묵을 깨고 한 나이 든 신하가 말했지요.

　"폐하! 조충국 장군이 적임자입니다."

　조충국의 이름이 거론되자 신하들이 우려의 목소리를 높였어요.

　"폐하, 조충국 장군이 아무리 뛰어난 장수라 할지라도 일흔이 넘은 나이에 전쟁에 나가는 것은 무리이옵니다."

　그러자 조충국은 호탕하게 웃으며 말했지요.

　"폐하, 저는 적의 창에 스무 곳이나 찔린 채 포위망을 뚫고 살아 돌아온 몸입니다. 당장 저를 보내 주십시오. 언제라도 폐하를 위해 목숨을 바칠 준비가 되어 있사옵니다."

　위풍당당하게 나서는 조충국에게 감동한 황제가 말했어요.

　"장군만 믿겠소. 자! 그럼 군사가 얼마나 필요한지 말해 보시오. 내 아낌없이 지원하리다."

　그런데 조충국의 입에서 나온 말은 모두를 당황하게 했어요.

　"폐하, 군사가 얼마나 필요한지, 어떤 전략을 쓸지 아직은 말씀드릴 수 없습니다."

　그러자 신하들은 웅성거렸어요.

조충국 장군이 적임자입니다!

 어휘
- **오랑캐**: 주변에 살던 민족을 미개한 종족이라는 뜻으로 멸시하여 이르는 말.
- **포위망**: 빈틈없이 둘러싼 체계.
- **아랑곳하다**: 일에 나서서 참견하거나 관심을 두다.

"아니, 저게 책임자가 할 소리야?"

"노인네가 생각 없이 나서는 거 아니야?"

이런 분위기에도 전혀 아랑곳하지 않고 조충국은 말을 이어갔어요.

백문불여일견!

"백문불여일견, 백 번 듣는 것보다 한 번 보는 게 낫습니다. 직접 그곳 상황을 확인하지 않고 무작정 전략을 세울 수는 없다는 말입니다. 아무리 전투 경험이 많은 장수라도 철저히 준비하고 계획해야 하는 법이지요. 그러니 반란이 일어난 곳에 직접 가서 제 눈으로 상황을 확인한 뒤, 필요한 군사와 전략을 말씀드리겠습니다."

그제야 신하들은 조충국의 지혜에 감탄했고, 황제는 조충국을 더욱 신뢰하게 되었지요. 이후 조충국은 반란이 일어난 곳을 직접 다녀왔고, ⎡ 들어갈 내용을 추측해 보세요. ⎤ 성공적으로 반란을 진압
└─→ 3번 추론 능력 문제
하였어요.

---

1 '백문불여일견'의 뜻을 설명한 문장을 완성하세요.
종합력

보기
빈칸을 채우면 낱말 중 1개가 남아요!

| 상상 | 듣는 | 보는 | 확인 |

백 번 ☐ 것보다 한 번 ☐ 게 낫다는 뜻으로, 상황을 실제로

경험하고 ☐ 해야 확실히 알 수 있다는 뜻.

---

2 ☐ 안에 들어갈 내용으로 알맞은 것에 O표 하세요.
이해력

❶ 이야기 속 ⎡ 북한 ┊ 후한 ┊ 전한 ⎤ 의 황제는 오랑캐의 반란으로 골치가 아팠어요.

❷ 오랑캐를 진압할 적임자로 거론된 조충국은 ⎡ 일흔 ┊ 여든 ┊ 아흔 ⎤ 이 넘었어요.

13

3 이야기를 생각하며 빈칸에 들어갈 내용을 고르세요. (　　　)

추론 능력

이후 조충국은 반란이
일어난 곳을 직접 다녀왔고,

성공적으로 반란을 진압하였어요.

① 부하들이 말해 준 대로 전략을 세워

② 예전에 하던 전략을 그대로 따라서

③ 그곳 상황에 가장 알맞은 전략을 세워

4 오랑캐 진압에 대한 신하들과 조충국의 태도에서 보이는 차이점을 제대로 설명한 친구의 번호를 쓰세요. (　　　)

분석력

①
신하들은 황제가
자신을 보낼까 두려워
몸을 사리는데
조충국은 위풍당당하게
나서고 있네.

②
신하들은 상황을 직접
확인하고 전략을 세우려고
하는데, 조충국은
들은 것만 가지고 전략을
세우려고 하네.

5 다음 중 전투를 대하는 조충국 장군의 태도를 가장 잘 표현한 속담을 골라 [　　] 안에 직접 쓰세요.

사고력

아무리 전투 경험이 많은
장수라도 철저히 준비하고
계획해야 하는 법이지요.

☆ 병 주고 약 준다: 일이 안 되도록 방해하고는 도와주는 척
한다는 뜻.

☆ 돌다리도 두들겨 보고 건너라: 아무리 잘 아는 일이라도
조심하여 실수 없게 하라는 뜻.

☆ 닭 잡아먹고 오리발 내민다: 나쁜 일을 하고 간사한 꾀로
숨기려 한다는 뜻.

알맞은 속담을 쓰세요.

6 이야기의 뼈대와 줄거리입니다. 빈칸에 들어갈 말을 골라 쓰세요.

내용 정리

> 빈칸을 채우면 낱말 중 1개가 남아요!

보기

조충국   등장   백   없다   열   한   오랑캐   나이

| 이야기의 배경과 상황의 소개 | 중국 전한의 황제가 국경 지역에서 반란을 일으킨 [   ]를 물리칠 장수를 찾자 한 신하가 [   ]을 추천했어요. |

⬇

| 조충국의 [   ] | 신하들이 조충국의 [   ]를 들며 우려할 때, 조충국이 나타나 황제에게 자신을 보내 달라고 했어요. |

⬇

| 황제의 지원 약속에 대한 조충국의 대답 | 황제가 아낌없이 지원하겠다며 군사가 얼마나 필요한지 묻자, 조충국은 아직은 알 수 [   ]고 답하여 모두를 당황하게 했어요. |

⬇

| 조충국의 보충 설명과 반란 진압 | 조충국은 [   ] 번 듣는 것보다 [   ] 번 보는 게 낫다고 하며, 반란이 일어난 곳을 확인하는 게 먼저라고 했고, 이후 성공적으로 반란을 진압하였어요. |

7 다음 낱말에서 형태가 바뀌지 않는 부분에 '─다'를 붙여 기본형을 만들어 쓰세요.

어휘력

낱말	형태가 바뀌지 않는 부분	기본형
일으키는, 일으키고, 일으키자	일으키	[ ][ ][ ][ ]
웃으며, 웃고, 웃는	웃	[ ][ ]

※기본형 예시: 읽는, 읽고, 읽어 → 읽다.

고사성어

큰 그릇은 늦게 만들어진다

대기만성 큰 대(大), 그릇 기(器), 늦을 만(晚), 이룰 성(成)

🔊 다음 글을 소리 내어 읽어 보세요.

최염이라는 사람이 젊은 나이에 출세하여 대장군 원소 밑에서 일을 했어요. 그러다 그의 재능을 높이 산 조조의 눈에 들어 그의 부름을 받게 되었지요. 조조는 위·촉·오 세 나라 이야기인 《삼국지연의》에 등장하는 인물로 위나라를 세운 군주예요.

어느 날 최염의 아버지가 최염을 불렀어요.

"이번 집안 모임에 함께 가자꾸나. 어른들이 모두 너를 보고 싶어 하신단다."

모임에 참석한 어른들은 최염을 반갑게 맞이하며 입이 마르도록 그를 칭찬했어요.

"자네처럼 젊은 나이에 이렇게 높은 관직에 오르다니, 정말 장하군!"

"어릴 적부터 총명하더니 이리 출세를 하는군. 자네야말로 우리 집안의 자랑일세."

그 자리에는 최염의 사촌 동생 최림도 참석해 있었어요. 최염과 최림은 어려서부터 친형제처럼 가깝게 지내는 사이였지요.

집안 어른들은 [＿＿＿＿＿＿＿＿＿＿＿] 최림을 한심하게 여겼어요.

"아니, 림이 자네는 여전히 공부 중인가?"

"네, 저는 아직……."

머쓱해진 최림은 머리를 긁적긁적했지요. 대놓고 최림을 최염과 비교하며 업신여기는 어른들도 있었어요.

"염이를 보게나. 부끄럽지도 않은가? 쯧쯧!"

"그 나이가 차도록 벼슬 근처도 못 가 보니 어쩌려고 그러나."

 어휘
- 《삼국지연의》: 중국의 위·촉·오 세 나라의 역사 이야기를 편찬한 역사 소설.
- 군주: 집안에 왕위를 물려주는 식으로 나라를 다스리는 최고 지위에 있는 사람.
- 관직: 공무원 또는 관리가 국가로부터 위임받은 일정한 직무나 직책.
- 덕성: 어질고 너그러운 성품.

"자네 부모님은 걱정이 태산이네. 정신 차리고 열심히 공부하게나."

그러나 최염은 최림의 재능과 덕성을 잘 알고 있었어요. 그는 자신감을 잃고 고개를 숙이고 있는 최림의 어깨를 두드렸지요.

자네는 틀림없이 큰 인물이 될 거네.

"대기만성이라고 했네. 큰 그릇은 그렇게 쉽사리 만들어지는 것이 아니네. 마찬가지로 큰 인물이 성공하기까지도 오랜 시간이 걸리는 법이지. 어른들 말씀은 신경 쓰지 말게나. 자네는 틀림없이 큰 인물이 될 것이네."

사촌 형인 최염의 격려는 최림에게 큰 위로가 되었어요. 각오를 다지고 다시 공부에 매진한 최림은 차츰 주변으로부터 인정을 받아 서서히 명성을 쌓았지요. 그리고 최염의 말대로 훗날 황제가 된 조조를 가까이에서 보좌하는 높은 자리의 관직에 올랐답니다.

1 **종합력** '대기만성'의 뜻을 설명한 문장을 완성하세요.

보기

성공   크게   오래   실패

큰 그릇을 만드는 데는 시간이 [   ] 걸린다는 뜻으로, [   ] 될 사람은 늦게라도 [   ] 한다는 뜻.

2 **이해력** [   ] 안에 들어갈 내용으로 알맞은 것에 ○표 하세요.

❶ 최염은 자신의 재능을 높이 산 | 원소 | 조조 | 최림 | 의 부름을 받았어요.

❷ 집안 어른들은 최림을 사촌 형인 | 원소와 | 조조와 | 최염과 | 비교하며 업신여겼어요.

3 이야기를 생각하며 빈칸에 들어갈 내용을 고르세요. (   )

추론 능력

집안 어른들은

┌─────────────────┐
└─────────────────┘

최림을 한심하게 여겼어요.

① 나이가 차도 출세하지 못한

② 맨날 놀기만 하는

③ 이른 나이에 벌써 출세한

---

4 ☐ 안의 부분이 문장에서 하는 역할을 제대로 말한 친구의 번호를 쓰세요. (   )

분석력

최염은
┌─────────────────┐
│ 최림의 재능과 덕성을 │
└─────────────────┘
잘 알고 있었어요.

① 문장에서 주어 역할을 해.

② 문장에서 목적어 역할을 해.

- 주어: 문장에서 '무엇이', '누가'에 해당하는 말이에요. 행동이나 상태의 주체를 나타내요.
- 목적어: 문장에서 '무엇을', '누구를'에 해당하는 말이에요. 행동의 대상을 나타내요.

---

5 다음 중 최염이 최림을 격려할 때 사용할 수 있는 속담을 골라 ☐ 안에 직접 쓰세요.

사고력

☆ 어물전 망신은 꼴뚜기가 시킨다: 못난 자일수록 같이 있는 동료를 망신시킨다는 뜻.

☆ 오르지 못할 나무는 쳐다보지도 마라: 될 수 없는 일은 바라지도 말라는 뜻.

☆ 공든 탑이 무너지랴: 힘과 정성을 다하여 한 일은 반드시 그 결과가 헛되지 않다는 뜻.

알맞은 속담을 쓰세요.

┌─────────────────────────────────┐
│   │
└─────────────────────────────────┘

6 이야기의 뼈대와 줄거리입니다. 빈칸에 들어갈 말을 골라 쓰세요.

내용 정리

> **보기**
>
> 가방   성공   최염   조조   최림   그릇   자랑   위나라

이야기의 배경과 최염의 소개	최염은 젊은 나이에 출세하여 [ ]를 세운 [ ]의 눈에 들어 그의 부름을 받게 되었어요.

⬇

최염에 대한 어른들의 칭찬	어느 날 집안 모임에 간 최염을 본 어른들은 집안의 [ ]이라며 칭찬을 했어요.

⬇

어른들의 비교	집안 어른들은 나이가 차서도 아직 공부 중이며 출세도 못한 [ ]을 일찍 출세한 [ ]과 비교하며 업신여겼어요.

⬇

최염의 격려와 최림의 [ ]	반면, 최염은 큰 [ ]은 그리 쉽게 만들어지는 게 아니라며 최림을 격려했고, 훗날 최림은 높은 자리의 관직에 올랐답니다.

7 다음 낱말에서 형태가 바뀌지 않는 부분에 '―다'를 붙여 기본형을 만들어 쓰세요.

어휘력

낱말	형태가 바뀌지 않는 부분	기본형
맞이하며, 맞이하는, 맞이하고	맞이하	[ ][ ][ ][ ]
지내는, 지내며, 지내고	지내	[ ][ ][ ]

※ **기본형 예시**: 먹고, 먹는, 먹은 → 먹다

아침에 세 개, 저녁에 네 개

조삼모사 아침 조(朝), 석 삼(三), 저녁 모(暮), 넉 사(四)

🔊 **다음 글을 소리 내어 읽어 보세요.**

중국 송나라에 저공이라는 사람이 살았어요. 그는 원숭이를 좋아했어요. 자신을 따르며 재롱을 부리는 모습이 여간 귀여운 게 아니었거든요. 처음에는 한두 마리 기르다가 결국 그는 수십 마리의 원숭이를 기르게 되었지요.

그러나 넉넉하지 않은 형편에 너무 많은 원숭이를 기르다 보니 먹이를 충당하는 일이 쉽지 않았어요. 살림살이를 팔면서까지 먹이를 마련했지만, 결국 가장 값이 싼 도토리만 남게 되었고 그마저 충분한 양은 아니었지요. 상황이 이렇게 되자 저공은 이리저리 궁리하였어요.

'어쩔 수 없이 먹이를 줄여야겠어. 하지만 덮어놓고 먹이를 줄이겠다고 한다면 녀석들은 펄쩍펄쩍 뛸 거야. 어떻게 하면 원숭이들의 불만을 잠재울 수 있을까?'

잠시 후 저공은 원숭이들을 마당 한가운데로 모두 불러 놓고 제안을 했어요.

"얘들아, 도토리가 거의 떨어져서 어쩔 수 없이 너희에게 주는 먹이를 줄여야겠구나. 이제부터 너희한테 아침에는 도토리 세 개, 저녁에는 네 개를 주려고 한다. 어떻게 생각하니?"

그러자 원숭이들은 그렇게 먹으면 배가 고프다며 아우성을 쳤어요. 원숭이들은 발을 구르고 비명을 지르며 반발했지요.

아침에 세 개, 저녁에 네 개를 주마.

 어휘
- **충당:** 모자라는 것을 채워 메움.
- **아우성:** 떠들썩하게 기세를 올려 지르는 소리.
- **소란:** 시끄럽고 어지러운 상태.

한동안 소란이 계속되었어요. 그 모습을 지켜보던 저공은 큰 결심을 했다는 듯 숨을 깊게 들이마셨다 내쉬었어요. 그리고 난 뒤 진지한 표정으로 두 번째 제안을 했지요.

"알겠다, 얘들아! 아침에 네 개를 주마. 대신 저녁에는 세 개를 줄게. 그럼 괜찮겠느냐?"

저공의 두 번째 제안을 들은 원숭이들은 매우 만족한 표정을 지었어요. 심지어는 좋다고 춤까지 추는 원숭이들도 있었어요. [   ] 아침에 한 개를 더 먹는다는 것만 생각한 것이 지요.

어쨌든 원숭이들의 소란은 잠재워졌고, 자신의 꾀가 통한 걸 안 저공은 '조삼모사네!'라고 혼잣말을 하며 슬며시 미소를 지었어요.

---

1 ‘조삼모사’의 뜻을 설명한 문장을 완성하세요.

종합력

보기

어리석은   결과   잔꾀   지혜로운

[   ] 로 남을 속여 희롱한다는 뜻 또는 눈앞에 보이는 차이만 알고

[   ] 가 같다는 것을 모르는 [   ] 모습이라는 뜻.

2 [   ] 안에 들어갈 내용으로 알맞은 것에 O표 하세요.

이해력

❶ 저공에게는 원숭이에게 줄 먹이로 가장 값이 싼 │ 바나나 │ 도토리 │ 옥수수 │ 만 남았어요.

❷ 결국 원숭이들은 하루에 도토리 │ 세 개 │ 일곱 개 │ 열 개 │ 를 먹게 되었어요.

3 이야기를 생각하며 빈칸에 들어갈 내용을 고르세요. (   )

추론 능력

아침에 한 개를
더 먹는다는 것만 생각한 것이지요.

① 하루에 먹는 양이 결국 더 많아져서
② 하루에 먹는 양은 결국 변함이 없고
③ 하루에 먹는 양이 결국 더 적어져서

4 ☐ 안 두 부분의 호응 관계를 분석한 것입니다. 제대로 말한 친구의 번호를 쓰세요. (   )

분석력

이제부터 너희한테
아침에는 도토리 세 개,
저녁에는 네 개를
주려고 한다.

① 시간을 나타내는
말과 서술어의 호응이
알맞게 되었어.

② 높임의 대상을 나타내는
말과 서술어의 호응이
알맞게 되었어.

 서술어는 문장에서 '어찌하다', '어떠하다', '무엇이다'에 해당하는 부분이에요.

5 다음 중 저공의 행동을 표현하는 속담을 골라 ☐ 안에 직접 쓰세요.

사고력

☆ 눈 가리고 아웅: 얕은 수로 남을 속이려고 한다는 뜻.

☆ 소 잃고 외양간 고친다: 일이 잘못되면 뉘우쳐도 소용
없다는 뜻.

☆ 개밥에 도토리: 어딘가에 어울리지 못하는 존재라는 뜻.

알맞은 속담을 쓰세요.

6 이야기의 뼈대와 줄거리입니다. 빈칸에 들어갈 말을 골라 쓰세요.

내용 정리

| 보기 | 세　네　아침　아우성　송　제안　두　원숭이 |

| 저공이 처한 상황 소개 | ☐ 나라의 저공은 ☐ 를 수십 마리 기르게 되었는데, 먹이를 충당하는 일이 쉽지 않아 도토리만 남게 되었어요. |

↓

| 저공의 첫 번째 ☐ | 저공은 원숭이들을 부른 뒤, 이제부터 ☐ 에 도토리 세 개, 저녁에는 네 개를 주겠다고 했어요. |

↓

| 원숭이들의 반발 | 그러자 원숭이들은 그렇게 먹으면 배가 고프다고 ☐ 을 치며 반발했어요. |

↓

| 저공의 두 번째 제안과 원숭이들의 반응 | 잠시 뒤 저공이 아침에 ☐ 개, 저녁에 ☐ 개를 주겠다고 하자 원숭이들은 소란을 멈추었고, 저공은 미소를 지었지요. |

7 다음 낱말에서 형태가 바뀌지 않는 부분에 '―다'를 붙여 기본형을 만들어 쓰세요.

어휘력

낱말	형태가 바뀌지 않는 부분	기본형
떨어져서, 떨어지기, 떨어지는	떨어지	☐☐☐☐
구르고, 구르며, 구르자	구르	☐☐☐

고사성어

어리석은 노인이 산을 옮긴다

우공이산 어리석을 우(愚), 공평할 공(公), 옮길 이(移), 산 산(山)

🔊 **다음 글을 소리 내어 읽어 보세요.**

옛날 어느 산골짜기 마을에 우공이라는 노인이 살고 있었어요. 그 마을은 두 산이 앞 뒤로 막고 있어서, 다른 마을로 볼일을 보러 가려면 며칠씩 걸려 꽤 불편했지요.

어느 날 굳은 결심을 한 우공이 가족을 모두 모은 뒤 말했어요.

"저 두 산을 깎아 없애고 길을 내려는데, 너희 생각은 어떠냐?"

우공의 아내는 펄쩍 뛰며 손사래를 쳤어요.

"아이고, 아흔이 넘은 호호백발 당신이 어찌 산을 깎는다고 하 나요?"

"하지만 우리 후손들이 평생 나처럼 불편하게 살 수는 없소."

흰머리가 희끗희끗한 맏아들이 앞장섰어요.

"아버지 뜻을 따르겠습니다. 모두 힘을 합치면 저 산을 옮길 수 있 을 거예요. 아우들아, 내가 앞장설 테니 힘을 모으자꾸나!"

그렇게 우공의 가족은 산의 돌을 깨고 흙을 파 옮기기 시작했어요.

그 모습을 본 마을 사람들은 그들을 비웃었어요.

"저런 얼토당토않은 일을 벌이다니 참으로 어리석구먼."

그렇게 서너 달이 지날 때쯤 우공의 친구가 찾아와 말렸어요.

"이보게, 자네 나이가 몇인데 이리 무모한 일을 하는가?"

우공은 껄껄 웃으며 대답했어요.

언젠가는 이 산이 옮겨질 거야.

어휘

- **호호백발:** 온통 하얗게 센 머리. 또는 그 머리를 한 늙은이.
- **얼토당토않다:** 어떤 기준과 도리에 전혀 맞지 않다.
- **화등잔:** 기름을 담아 등불을 켜는 데에 쓰는 그릇. 또는 놀라거나 두려워 커다래진 눈을 비유적으로 이르는 말.

"(　　　　　　　　　　　　　　　　　). 그러나 내가 죽으면 아들이 하고, 아들이 못하면 손자가 하고. 그렇게 대를 이어 하면 가능하지 않겠나? 그러다 보면 언젠가 이 산은 없어질 것이고, 그리되면 우리 후손들이 불편 없이 다닐 수 있겠지."

그런데 예상치도 못한 일이 생겼어요. 그 산에 살던 산신령이 옥황상제를 찾아가 하소연한 것이에요. 처음에 산신령은 우공 가족들의 행동에 코웃음을 치며 비웃었어요. 그들이 곧 그만둘 것으로 생각했기 때문이에요. 그러나 그들이 포기하지 않고 밤낮 돌을 깨부수고 흙을 나르자 산신령은 머리가 지끈지끈했어요.

산신령은 옥황상제를 찾아가 우공의 가족 때문에 시끄러워서 못 살겠다며 투덜댔지요. 그런데 옥황상제는 오히려 우공의 이야기에 마음이 움직였어요.

"허허, 우공의 노력이 갸륵하군. 자네도 살고 우공도 사는 방법이 있네. 내가 두 산을 옮겨 줌세."

옥황상제는 거인을 시켜 두 산을 옮기라고 했어요. 그 모습을 본 우공의 가족은 만세를 불렀고, 이웃들은 눈이 화등잔만 해졌답니다.

1 '우공이산'의 뜻을 설명한 문장을 완성하세요.

 보기

| 큰일 | 노력 | 어리석어 | 작은 일 |

처음에는 불가능하고 [　　　　] 보이는 일일지라도 우직하게 끝까지

[　　　　] 하면 마침내 [　　　] 을 이룰 수 있다는 뜻.

2 [　　　] 안에 들어갈 내용으로 알맞은 것에 O표 하세요.

이해력

❶ 우공은 마을을 막고 있는 | 두 산 | 두 강 | 두 숲 | 을 없애고 길을 내려고 했어요.

❷ 우공의 이야기에 마음이 움직인 | 산신령은 | 우공의 친구는 | 옥황상제는 |
거인을 시켜 두 산을 옮기라고 했어요.

25

3 이야기를 생각하며 빈칸에 들어갈 내용을 고르세요. (　　　)

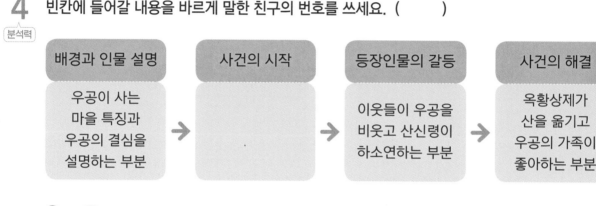

"　　　　　　　　　　　.
그러나 내가 죽으면 아들이 하고,
아들이 못하면 손자가 하고."

① 내 생전에 산을 옮기는 것이 소원일세.
② 내 생전에 산을 옮기는 것은 불가능할 걸세.
③ 내 생전에 산을 만드는 것은 불가능할걸세.

4 빈칸에 들어갈 내용을 바르게 말한 친구의 번호를 쓰세요. (　　　)

배경과 인물 설명	사건의 시작	등장인물의 갈등	사건의 해결
우공이 사는 마을 특징과 우공의 결심을 설명하는 부분		이웃들이 우공을 비웃고 산신령이 하소연하는 부분	옥황상제가 산을 옮기고 우공의 가족이 좋아하는 부분

① 빈칸에 들어갈 내용은 '우공의 친구가 우공에게 충고하는 부분'이야.

② 빈칸에 들어갈 내용은 '우공의 가족이 힘을 합쳐 산의 돌을 깨고 흙을 나르는 부분'이야.

5 다음 중 친구가 우공에게 했음직한 속담을 골라 [　　] 안에 직접 쓰세요.

이보게. 지금 자네가 하는 행동은 [　　　　]라네.

☆ 꿩 먹고 알 먹기: 한 가지 일을 하고 두 가지 이익을 볼 때 쓰는 말.

☆ 하늘의 별 따기: 지극히 어렵고 무모한 일을 두고 하는 말.

☆ 땅 짚고 헤엄치기: 땅을 짚고 헤엄치듯이 아주 쉽게 할 수 있는 일을 가리키는 말.

(알맞은 속담을 쓰세요.)

6 이야기의 뼈대와 줄거리입니다. 빈칸에 들어갈 말을 골라 쓰세요.

내용 정리

보기

산골짜기 만세 노래 옥황상제 길 맏아들 반응 하소연

| 이야기의 배경과 우공의 결심 | 두 산이 앞뒤로 막고 있는 [   ] 마을에 살던 '우공'이라는 노인이 두 산을 깎아 없애고 [   ]을 내려는 결심을 했어요. |

⬇

| 가족과 이웃의 [   ] | [   ]이 우공의 뜻을 따르기로 앞장서자 가족들은 힘을 모아 돌을 깨고 흙을 나르기 시작했고, 이웃들은 어리석은 일을 한다며 우공의 가족을 비웃었어요. |

⬇

| 산신령과 옥황상제의 등장 | 그 산에 살던 산신령이 [   ]를 찾아가 우공의 가족이 산을 부수는 소리에 시끄러워서 못 살겠다며 [   ]을 했어요. |

⬇

| 산이 옮겨진 뒤 기뻐하는 우공의 가족 | 우공의 이야기에 마음이 움직인 옥황상제는 거인을 시켜 두 산을 옮기라고 했고, 우공의 가족은 [   ]를 불렀답니다. |

7 다음 낱말에서 형태가 바뀌지 않는 부분에 '―다'를 붙여 기본형을 만들어 쓰세요.

어휘력

낱말	형태가 바뀌지 않는 부분	기본형
깨고, 깨는, 깨어	[ ]	[ ]
찾아가, 찾아가는, 찾아가서	찾아가	[ ]

용을 그리고 마지막에 점을 찍어 눈동자를 그리다

화룡점정 그림 화(畵), 용 롱(龍), 점 점(點), 눈동자 정(睛)

🔊》 **다음 글을 소리 내어 읽어 보세요.**

중국 양나라에 장승요라는 사람이 있었어요. 그는 높은 벼슬까지 하였지만 사직한 뒤에는 그림 그리는 일에만 몰두하며 살았어요.

그가 그린 것은 〔   〕 그의 그림 솜씨는 뛰어났지요. 그가 그린 매를 보고 비둘기들이 진짜인 줄 알고 놀라 달아날 정도였으니까요.

어느 날 한 절에서 그에게 그림을 그려 달라는 요청을 했어요. 벽에 멋진 용을 그려 달라는 주문이었지요.

그는 하늘로 솟아오르는 용의 모습을 그리기 시작했어요. 점점 완성되어가는 그림을 본 스님들은 한목소리로 칭찬을 아끼지 않았어요.

"대단하구먼! 용이 마치 살아서 꿈틀대는 것 같아."

"비늘 하나하나 살아 숨 쉬는 것 같군!"

"당장이라도 용이 벽에서 뛰쳐나올 것만 같네."

그렇게 며칠이 지난 뒤 장승요는 그림을 다 완성했다며 떠날 채비를 하고 있었어요.

그런데 벽화를 자세히 보던 한 스님이 용의 눈에 눈동자가 없다는 것을 알아차렸어요. 그렇게 그림 앞으로 하나둘 모여든 스님들이 웅성거렸지요. 이 소문은 이 절의 주지를 맡던 스님의 귀에까지 들어갔어요.

주지 스님은 짐을 꾸리는 장승요에게 가서 설마 하는 표정으로 조심스레 물었어요.

어휘
• **사직:** 맡은 일을 내놓고 물러남.
• **주지:** 절을 책임지고 맡아 관리하는 스님.
• **넋:** 정신이나 마음.

28

"용의 눈은 아직 안 그리신 거지요?"

그런데 장승요의 대답은 뜻밖이었어요.

"지금 이 모습이 완성된 상태입니다. 눈동자를 그려 넣으면 그림이 너무 완벽해서 용이 살아나 날아갈 것이기 때문에 일부러 그리지 않은 것이지요."

"에이, 농담 마십시오. 어찌 그림 속의 용이 살아난답니까?"

스님들이 피식 웃자 장승요가 미소를 지으며 말했어요.

"나중에 후회는 마십시오."

장승요는 붓을 들고 그림 앞으로 다가가 용의 눈에 점을 꾹 찍어 눈동자를 그려 넣었어요. 그러자 갑자기 벽화에서 용 한 마리가 솟아오르더니 구름을 타고 하늘로 날아가 버렸답니다.

넋을 놓고 하늘을 보던 스님들이 정신을 차리고 벽화를 보니 용이 있던 자리는 텅 비어 있었어요. 장승요도 이미 자리를 떠나고 보이지 않았지요.

1 **종합력** '화룡점정'의 뜻을 설명한 문장을 완성하세요.

보기

| 마무리 | 완벽하게 | 중요한 | 대충대충 |

가장 [　　] 부분을 [　　] 하여 일을 [　　] 완성한다는 뜻.

2 **이해력** [　　] 안에 들어갈 내용으로 알맞은 것에 O표 하세요.

❶ 어느 날 한 절에서 장승요에게 [지붕 | 벽 | 처마] 에 용을 그려 달라는 주문을 했어요.

❷ 장승요는 용의 눈에 [덧칠을 해서 | 점을 꾹 찍어 | 선을 찍 그어] 눈동자를 그려 넣었어요.

3 이야기를 생각하며 빈칸에 들어갈 내용을 고르세요. (　　)

추론 능력

> 그가 그린 것은
>
> _____
>
> 그의 그림 솜씨는 뛰어났지요.

① 살아 있는 진짜처럼 보일 정도로

② 너무 아름다워 눈이 부실 정도로

③ 한눈에 가짜라는 게 티가 날 정도로

4 빈칸에 들어갈 내용을 바르게 말한 친구의 번호를 쓰세요. (　　)

분석력

배경과 인물 설명	사건의 시작	등장인물의 갈등	사건의 해결
장승요의 그림 솜씨를 설명하는 부분	한 절의 요청을 받아 장승요가 그림을 그리는 부분		장승요가 눈동자를 그려 넣자 용이 날아가고 스님들이 놀라는 부분

① 빈칸에 들어갈 내용은 '용의 눈동자가 없는 것을 보고 스님들이 의아해 하는 부분'이야.

② 빈칸에 들어갈 내용은 '장승요가 그린 매를 보고 비둘기들이 놀라 달아나는 부분'이야.

5 다음 중 스님들의 처지를 알맞게 표현한 속담을 골라 　　 안에 직접 쓰세요.

사고력

☆ 개천에서 용 난다: 별 볼 일 없는 집안에서 훌륭한 인물이 나왔다는 뜻.

☆ 원숭이도 나무에서 떨어진다: 아무리 능숙한 사람도 실수할 때가 있다는 뜻.

☆ 다 된 죽에 코 빠뜨린다: 거의 다 된 일을 끝판에 망치게 되었다는 뜻.

> 알맞은 속담을 쓰세요.
>
> _____

6 이야기의 뼈대와 줄거리입니다. 빈칸에 들어갈 말을 골라 쓰세요.

내용 정리

보기   구름   벽화   용   살아나기   양나라   그림   주지   비행기

| 장승요의
그림 솜씨 | 중국 ☐ 에 장승요라는 인물이 있었는데 ☐
솜씨가 매우 뛰어났어요. |

⬇

| 절의 요청으로
벽화를 그리게 된
장승요 | 그는 한 절의 요청으로 ☐ 를 그리게 되었고, 스님들은 마치
☐ 이 살아서 숨 쉬는 것 같다며 칭찬했어요. |

⬇

| 용의 눈동자를
그리지 않은
장승요 | 용의 눈에 눈동자가 보이지 않자 ☐ 스님이 아직 그리지
않은 것이냐고 물었고, 장승요는 눈동자를 그려 넣으면 용이
☐ 때문에 그리지 않은 것이라고 대답했어요. |

⬇

| 눈동자를
그려 넣자
하늘로 날아간 용 | 스님들이 믿지 않자 장승요는 용의 눈에 눈동자를 그려 넣었고,
용은 벽화에서 나와 ☐ 을 타고 하늘로 날아가 버렸어요. |

7 다음 낱말에서 형태가 바뀌지 않는 부분에 '—다'를 붙여 기본형을 만들어 쓰세요.

어휘력

낱말	형태가 바뀌지 않는 부분	기본형
쉬는, 쉬며, 쉬고	☐	☐☐
떠나고, 떠나는, 떠나며	떠나	☐☐☐

고사성어

황새와 조개 싸움에 어부가 이득을 얻다

어부지리 고기잡을 어(魚), 사내 부(夫), 어조사 지(之), 이로울 리(利)

🔊 다음 글을 소리 내어 읽어 보세요.

옛날 중국에 힘이 센 진나라, 힘이 약한 연나라와 조나라가 있었어요. 그런데 조나라 왕이 연나라를 치려는 계획을 세우고 있었지요. 그 소문을 들은 소대라는 사람이 조나라의 왕을 알현하길 청했어요. 그는 조나라가 연나라를 치는 것에 반대하는 입장이었어요.

"폐하, 이야기 하나를 들려드리려고 왔습니다."

소대의 학문과 지혜에 대해 익히 소문으로 알고 있던 왕은 그를 반갑게 맞이했어요.

"그래? 자네처럼 유명한 학자가 멀리서 왔다니 무슨 이야기인지 궁금하군. 어디 한번 들어 봄세."

"어느 바닷가에 조개가 입을 벌린 채 속살을 보이며 햇볕을 쬐고 있었답니다. 그런데 멀리서 그 모습을 본 황새가 재빠르게 날아와 조갯살을 쪼았지요. 맛있는 조갯살로 배를 채우려 한 것입니다. 그 순간 조개가 얼른 입을 앙다무는 게 아닙니까? 그런데 황새와 조개는 서로를 얕보았습지요. 황새는 내일까지 비가 내리지 않으면 조개는 틀림없이 말라 죽을 거로 생각하며 조갯살을 놓지 않았다고 하옵니다. 조개도 내일까지 물고 늘어지면 황새가 죽을 거로 생각하며 입을 꾹 다물고 있었지요."

이야기를 듣던 왕은 '흥' 하고 코웃음을 치며 말했어요.

어휘
- **알현**: 높고 귀한 사람을 찾아가 뵘.
- **감지**: 느낌으로 알다.
- **연유**: 일의 까닭.

"허허, 참 어리석구나. (＿＿＿＿＿＿＿＿＿＿＿＿＿) 고집을 부리는고?"

왕의 반응에 소대는 맞장구를 쳤지요.

"역시, 폐하는 현명하십니다. 조개와 황새의 운명은 곧 바뀌게 됩니다. 때마침 지나가다 그 모습을 보고 한걸음에 달려온 어부가 힘 하나 안 들이고 조개와 황새를 모두 잡아 망태기에 넣고 쌩 가 버렸기 때문입니다. 어부지리인 셈이지요."

그제야 왕은 소대의 이야기에 숨은 뜻이 있다는 것을 눈치챘어요. 그냥 하는 이야기가 아니라는 것을 감지한 것이지요. 왕은 소대에게 진지하게 물었어요.

"자네처럼 현명한 학자가 그저 웃자고 이 이야기를 들려주는 것은 아닐 걸세. 멀리서 이곳까지 와서 그 얘기를 하는 연유가 무엇인고?"

"폐하, 연나라는 조개요, 조나라는 황새입니다. 연나라와 조나라가 싸우는 틈에 진나라는 힘 하나 안 들이고 두 나라를 모두 빼앗아 버릴 것입니다."

소대의 말을 들은 왕은 곰곰이 생각에 잠겼어요. 그리고 결국 연나라를 공격하려던 계획을 접었다고 해요.

---

1 **'어부지리'의 뜻을 설명한 문장을 완성하세요.**

종합력

보기

| 협동하는 | 힘 | 이익 | 싸우는 |

두 사람이 [＿＿＿] 틈에 엉뚱한 사람이 [＿＿] 하나 안 들이고 [＿＿＿]을 가로챈다는 뜻.

---

2 [＿＿＿] 안에 들어갈 내용으로 알맞은 것에 O표 하세요.

이해력

❶ 연나라를 치려던 것은 | 조나라 | 진나라 | 송나라 | 의 왕이었어요.

❷ 소대의 이야기에서 결과적으로 이득을 본 것은 | 어부 | 조개 | 황새 | 예요.

3 이야기를 생각하며 빈칸에 들어갈 내용을 고르세요. (   )

추론 능력

> "허허, 참 어리석구나.
>
> _____
>
> 고집을 부리는고?"

① 그러다 굶어 죽으면 어떡하려고

② 그러다 둘이 미운정이 들면 어떡하려고

③ 그러다 다른 적에게 둘 다 잡히면 어떡하려고

4 나라와 이야기에 나온 동물의 관계를 제대로 분석한 친구의 번호를 쓰세요. (   )

분석력

① 조나라는 어부에, 연나라와 힘이 센 진나라는 황새와 조개에 빗대었어.

② 힘이 센 진나라는 어부에, 힘이 약한 연나라와 조나라는 황새와 조개에 빗대었어.

5 다음 중 어부지리 대신에 쓸 수 있는 속담을 골라 ☐ 안에 직접 쓰세요.

사고력

☆ 못된 송아지 엉덩이에 뿔난다: 못난 녀석은 못난 짓만 골라서 한다는 뜻.

☆ 방귀 뀐 놈이 성낸다: 잘못을 저지른 쪽에서 오히려 남에게 성낸다는 뜻.

☆ 재주는 곰이 넘고 돈은 왕 서방이 받는다: 열심히 일한 사람 대신 엉뚱한 사람이 이득을 본다는 뜻.

> 알맞은 속담을 쓰세요.
>
>

6 이야기의 뼈대와 줄거리입니다. 빈칸에 들어갈 말을 골라 쓰세요.

내용 정리

> **보기**
>
> 금   연   조   진   어부   배경   조개   소대

이야기의 [　]	힘이 센 진나라, 힘이 약한 연나라와 조나라가 있었는데, [　]나라 왕이 연나라를 치려는 계획을 세우고 있었어요.

↓

왕에게 이야기를 들려주는 소대	소문을 들은 소대는 조나라 왕을 찾아가 황새와 [　]가 서로를 붙잡고 싸우는 틈에 [　]가 둘을 잡아간 이야기를 들려주었어요.

↓

이야기의 뜻을 말하는 [　]	그러면서 연나라와 조나라가 싸우면 그 틈에 [　]나라가 힘 하나 안 들이고 두 나라를 빼앗을 것이라고 말했지요.

↓

생각을 바꾼 조나라 왕	소대의 말을 들은 왕은 생각 끝에 [　]나라를 공격하려던 계획을 접었어요.

7 다음 낱말에서 형태가 바뀌지 않는 부분에 '―다'를 붙여 기본형을 만들어 쓰세요.

어휘력

낱말	형태가 바뀌지 않는 부분	기본형
쬐고, 쬐는, 쬐어	쬐	[　][　]
놓지, 놓고, 놓게	놓	[　][　]

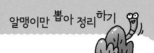
첫째 마당 복습

1 뜻풀이에 알맞은 고사성어를 완성하세요.

눈앞에 보이는 차이만 알고 결과가 같다는 것을 모른다.

ㅈ	ㅅ	ㅁ	ㅅ

불가능해 보이는 일일지라도 우직하게 끝까지 하면 마침내 큰일을 이룰 수 있다.

ㅇ	ㄱ	ㅇ	ㅅ

실제로 경험해 보아야 확실히 알 수 있다.

| ㅂ | ㅁ | ㅂ | ㅇ | 일견
|---|---|---|---|

크게 될 사람은 늦게라도 성공한다.

ㄷ	ㄱ	ㅁ	ㅅ

가장 중요한 부분을 마무리하여 일을 완벽하게 한다.

ㅎ	ㄹ	ㅈ	ㅈ

두 사람이 싸우는 틈에 엉뚱한 사람이 힘 하나 안 들이고 이익을 가로챘다.

ㅇ	ㅂ	ㅈ	ㄹ

2 〈보기〉의 말을 낱말 판에서 찾아 묶어 보세요.

> **보기**　포위망　군주　아우성　호호백발　감지　화등잔

왔	끌	감	지	뜯	답	덮	활
호	맞	채	뿜	않	현	훈	군
호	쿄	쿠	포	위	망	쓸	주
백	뤼	히	렇	괜	괜	뷔	맞
발	규	네	텐	롭	녀	슈	웬
자	아	우	성	높	화	등	잔

교과 과학

과학은 살면서 꼭 알아야 할 과학 지식과 과학 탐구 능력을 기르는 과목이에요. 에너지, 물질, 생명, 지구 등의 여러 분야를 배우지요. 그래서 둘째 마당에는 여러분이 과학 과목을 공부하는 데 직접 도움이 되는 글감을 담았어요. 글감은 과학 단원의 순서에 맞추어 구성했으니 과학 과목을 예습하거나 복습하는 데에도 도움이 되고, 중학교 과학 교과서와 연관성이 높은 내용으로 선정했으니 중학교 입학 준비에도 도움이 될 거예요. 둘째 마당을 통해 독해력도 쑥쑥 기르고 과학 지식도 차곡차곡 쌓아 보세요.

물을 뿌리면 이글루가 따뜻해진다고?

🔊)) 다음 글을 소리 내어 읽어 보세요.

북극해

이누이트는 북극해 연안에 사는 사람들을 일컬어요. 그들의 주거 시설로는 얼음을 이용한 집 이외에도 목재나 가죽으로 만든 천막이 있어요.

이글루는 원래 이누이트의 주거 시설을 아우르는 말이었는데 얼음으로 만든 집이 외지인의 시선을 끌면서 오늘날 우리가 떠올리는 얼음집만 가리키는 말이 되었어요. 이글루는 평상시 살던 곳이 아니라 사냥을 나왔을 때 쓰는 임시 거처였는데, 최근에는 관광 목적으로만 사용하지요.

이글루는 벽돌 모양으로 자른 눈덩이를 둥근 지붕 모양으로 쌓아 만들어요. 눈 벽돌집 모양이 완성되면 다음 과정을 반복해요. 먼저 문을 닫고 난방을 해서 실내 온도를 높여요. 그러면 눈이 녹아내리는데, 천정이

둥글어서 녹은 눈은 바닥으로 떨어지지 않고 벽을 타고 흘러요. 이때 난방을 끄고 문을 열어 찬 공기가 들어오게 하면 녹아내리던 눈이 순식간에 얼어붙어 눈 벽돌을 강력하게 접착시켜요. 이런 과정을 반복하면 눈 벽돌집이 얼음집으로 변한답니다.

이글루 안은 영상 5도 정도의 온도를 유지해요. 밖이 영하 30도를 오르내린다는 점을 생각하면 놀랄 정도로 따뜻하지요. 이렇게 이글루 안이 영상으로 유지되는 것은 온실 효과 때문이에요. 지구로 들어온 태양열 중 일부가 대기에 흡수되는데, 이 열이 빠져나가지 못하게 얼음이 꽉 막고 있어서 이글루 안이 따뜻한 것이에요.

'겨울에 눈이 많이 오면 보리 풍년이 든다.'라는 말이 있어요. 보리밭을 덮은 눈이 이

 어휘
● 연안: 강이나 호수, 바다를 따라 잇닿아 있는 육지.
● 외지인: 그 고장 사람이 아닌 사람을 이르는 말.

불처럼 들어갈 내용을 추측해 보세요. 농사가 잘된다는 뜻이지요. 이글루 역시 얼음 이불
→3번 추론 능력 문제
역할을 톡톡히 한답니다.

　그러면 몹시 심한 추위가 찾아오는 혹한기에 이글루 안은 어떻게 난방을 했을까요?
흥미롭게도 안쪽 얼음벽에 물을 뿌렸다고 해요. "물을 얼음벽에 뿌리는 게 무슨 난방법
이야?"라며 의아할 거예요. 얼음이 녹으면서 물이 될 때는 주위의 열을 흡수하기 때문
에 주위가 시원해져요. 반대로 물이 얼음
이 될 때는 물이 가지고 있던 열을 내뿜
어 주위가 따뜻해져요. 겨울철 호수가 얼
어붙으며 발생하는 열 때문에 호숫가 마
을이 따뜻해지는 것과 같은 원리예요. 이
렇게 흥미로운 모양을 가진 이글루에는
신기한 과학 원리도 숨어 있답니다.

1 이 글을 요약한 문장의 빈칸을 알맞게 채우세요.
종합력

보기

과학　　수학　　이누이트　　이글루

☐☐☐☐의 얼음집인 ☐☐☐☐ 만드는 방법과 이글루 내부가 영

상인 이유, 그리고 이글루 난방법에 숨겨진 ☐☐ 원리.

2 ☐ 안에 들어갈 내용으로 알맞은 것에 O표 하세요.
이해력

❶ 이누이트는 ｜동해 ｜북극해 ｜남극해 ｜ 연안에 사는 사람들을 일컬어요.

❷ 이글루 안이 영상으로 유지되는 것은 ｜거실 ｜교실 ｜온실 ｜ 효과 때문이에요.

3 이야기를 생각하며 빈칸에 들어갈 내용을 고르세요. (   )

추론능력

> 보리밭을 덮은 눈이 이불처럼
>
> [   ]
>
> 농사가 잘된다는 뜻이지요.

① 보리 싹을 말라비틀어지게 만들어서

② 보리 싹을 모두 얼려 죽게 만들어서

③ 보리 싹을 따뜻하게 유지해 줘서

4 아래는 세 번째 문단을 표로 만든 것입니다. 밑줄 친 것에 해당하지 <u>않는</u> 행동을 고르세요.

분석력

(   )

> **이런 과정을 반복하면** 눈 벽돌집이 얼음집으로 변한답니다.

①	②	③	④
벽돌 모양으로 자른 눈덩이를 둥근 지붕 모양으로 쌓아 눈 벽돌집 완성하기	문을 닫고 난방을 해서 실내 온도를 높이기	녹은 눈이 벽을 타고 흐르게 하기	난방을 끄고 문을 열어 들어온 찬 공기로 눈 벽돌을 접착시키기

5 이 글을 읽은 어린이들이 나눈 대화입니다. 내용을 잘 이해하지 <u>못한</u> 어린이의 이름을 쓰세요.

사고력

(   )

'이글루'의 원래 뜻은 우리가 아는 것과 조금 다르구나.

준서

일 년 내내 좁은 이글루 안에서 지낸다니 이누이트는 불편하겠어.

지후

냉동실에서 얼음을 꺼내 녹이면 그 주위가 시원해지겠어.

수아

6 이야기의 뼈대와 줄거리입니다. 빈칸에 들어갈 말을 골라 쓰세요.

내용 정리

> **보기** 접착 온실 혹한기 혹부리 주거 지붕 난방 이누이트

[ ]와 이글루	오늘날 우리가 떠올리는 이글루는 북극해 연안에 살던 이누이트의 여러 [ ] 시설 중 하나인 얼음집이에요.

⬇

이글루 만드는 법	이글루는 눈 벽돌을 둥근 [ ] 모양으로 쌓아 올린 뒤, 난방을 해서 눈이 녹으면 난방을 끄고 문을 열어 흘러내린 눈으로 눈 벽돌을 [ ] 시키는 과정을 여러 번 반복해서 만들어요.

⬇

이글루 내부의 온도	이글루 안은 [ ] 효과 때문에 밖이 영하 30도를 오르내려도 영상 5도가 유지돼요.

⬇

혹한기의 이글루 난방법	[ ]에는 이글루 안 얼음 벽돌에 물을 뿌려 물이 얼어붙으면서 방출되는 열로 [ ]을 하지요. 이렇게 이글루에는 신기한 과학 원리가 숨어 있답니다.

7 파란색 글자의 뜻을 바르게 설명한 것을 고르세요. (   )

어휘력

> 집 모양이 완성되면 문을 닫고 난방을 해서 실내 온도를 높이지요.

① **닫다** 빨리 뛰어 가다. 달려가다.

② **닫다** 열린 문짝이나 서랍 따위를 도로 제자리로 가게 하여 막다.

※ 위처럼 형태는 같지만 뜻이 서로 다른 낱말을 '동형어'라고 해요.

화성에 천사와 하트가 나타났다고?

바쁜 초등학생을 위한 빠른 신문 [바빠 신문]

화성 탐사선, 천사 소식 전해 와

[바빠 신문] 입력: 20△△년 △월 △일
최엉뚱 기자(funnychoi@bappnnew.com)

12월 ○일 유럽우주국(이하, ESA)은 화성 탐사선인 '마스 익스프레스(Mars Express)'가 화성 남극 인근의 지표면을 촬영한 사진을 공개했다. 마치 날개를 편 천사와 하트처럼 보이는 모습이 연출되어 이 사진을 본 대중들의 반응이 매우 뜨겁다.

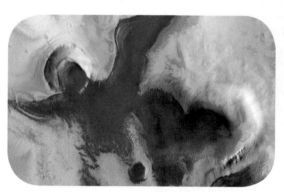

▲마스 익스프레스가 촬영한 화성의 남극

한 누리꾼은 ESA의 누리집에 "지구의 북극에는 산타가 있는데, 화성의 남극에는 천사가 있네요."라는 댓글을 달았다. 이 사진에는 "신기하다", "아름답다", "크리스마스 선물이다."라는 댓글도 천 개 이상 달렸다.

▲큐리오시티

화성은 （　　　　　　　　　　）태양계의 행성이다. 태양계 내 행성 중 지구와 유사한 생명체가 존재할 가능성이 가장 높은 곳으로 꼽힌다. 그래서 미국을 비롯한 많은 국가와 기업들이 화성 탐사 프로젝트를 추진했다. 1975년 바이킹(Viking) 1호와 2호가 화성에 착륙해 토양을 조사했는데, 생명의 흔적은 찾지 못했으나 화성에 한때 물이 흐른 적이 있었음이 밝혀졌다. 화성 탐사차 '큐리오시티'는 화성에 착륙해 여러 장비로 화성의 습도, 기압, 온도 등을 측정하기도

어휘

- **인근**: 가까운 곳.
- **착륙**: 비행기, 우주선 등이 공중에서 판판한 땅에 내림.
- **분화구**: 용암과 화산 가스 따위의 분출구.

▲마스 익스프레스

했다. 마스 익스프레스는 2003년에 발사된 유럽 최초의 화성 탐사선으로 화성 표면을 조사하는 임무를 수행 중이다.

ESA는 사진 속 각 부분을 화성의 지표면 특성과 연관 지어 설명했다. 사진 속 하트와 천사의 몸과 날개처럼 보이는 부분은 화성 표면의 어두운 색 모래가 드러나면서 생긴 것으로 추측된다고 한다. 또한 천사의 '머리' 부분은 우주에서 날아온 운석이 화성 지표면과 충돌해 생긴 충돌 분화구로 형성되었다고 한다. "천사의 '손' 부분은 얼음이 액체 단계를 거치지 않고 곧바로 기체로 변하는 승화 현상으로 생긴 크고 깊은 구덩이일 가능성이 크다."라는 설명도 덧붙였다.

1 이 기사를 요약한 문장의 빈칸을 알맞게 채우세요.

종합력

보기

| 반응 | 화성 | 유럽 | 중국 |

☐ 우주국이 공개한 ☐ 지표면 사진에 대한 대중들의 뜨거운

☐ .

2 ☐ 안에 들어갈 내용으로 알맞은 것에 O표 하세요.

이해력

❶ 마스 익스프레스는 [수성 | 화성 | 목성] 탐사선이에요.

❷ 화성에 한때 [물 | 공기 | 꿀]이 흐른 적이 있음이 밝혀졌어요.

3 이야기를 생각하며 빈칸에 들어갈 내용을 고르세요. (   )

추론 능력

화성은

_____

태양계의 행성이다.

① 아름다운 고리로 유명한

② 한 번도 탐사가 이루어지지 않은

③ 일찍부터 탐사가 이루어진

4 사진 속 각 부분에 대한 설명으로 알맞은 것을 연결하세요.

분석력

천사의 머리처럼
보이는 부분

·

·

 화성 표면의 어두운 색
모래가 드러나면서
생긴 것으로 추측돼.

하트와 천사의
몸과 날개처럼
보이는 부분

·

·

 우주에서 날아온 운석이
화성 지표면과 충돌해 생긴
충돌 분화구로 형성되었어.

5 다음은 기사의 네 번째 문단입니다. 중심 문장의 기호를 쓰세요. (   )

사고력

㉠ ESA는 사진 속 각 부분을 화성의 지표면 특성과 연관 지어 설명했다. ㉡ 사진 속 하트와 천사의 몸과 날개처럼 보이는 부분은 화성 표면의 어두운색 모래가 드러나면서 생긴 것으로 추측된다고 한다. ㉢ 또한 천사의 '머리' 부분은 우주에서 날아온 운석이 화성 지표면과 충돌해 생긴 충돌 분화구로 형성되었다고 한다. ㉣ "천사의 '손' 부분은 얼음이 액체 단계를 거치지 않고 곧바로 기체로 변하는 승화 현상으로 생긴 크고 깊은 구덩이일 가능성이 크다."라는 설명도 덧붙였다.

 중심 문장은 문단의 내용을 대표하는 문장이에요. 중심 문장을 찾으면 문단에서 이야기하고자 하는 중심 내용을 쉽게 파악할 수 있어요.

6 이야기의 뼈대와 줄거리입니다. 빈칸에 들어갈 말을 골라 쓰세요.

내용 정리

보기   나무   지식   행성   크리스마스   모래   하트   화성   남극

| 사건의 개요 | 유럽우주국은 [ ] 탐사선인 마스 익스프레스가 촬영한 사진을 공개했는데, 날개를 편 천사와 [ ] 처럼 보이는 모습이 연출되어 대중들의 반응이 뜨겁다. |

⬇

| 반응 소개 | "지구의 북극에 산타가 있는데, 화성의 [ ] 에는 천사가 있네요.", " [ ] 선물이다." 등의 여러 댓글이 달렸다. |

⬇

| 관련 [ ] 소개 | 화성은 태양계에서 지구와 유사하고 생명체가 존재할 가능성이 높아 일찍부터 탐사가 진행된 [ ] 이다. |

⬇

| 사진에 대한 ESA의 설명 | ESA는 사진 속 하트와 천사처럼 보이는 부분은 어두운 색의 [ ] 가 드러나면서 생긴 것으로 추측하는 등 사진 속 각 부분을 화성의 지표면 특성과 연관 지어 설명했다. |

7 파란색 글자의 뜻을 바르게 설명한 것을 고르세요. (   )

어휘력

> 이 사진에는 "신기하다", "아름답다", "크리스마스 선물이다."라는 댓글도 달렸다.

① **달리다** 물건이 일정한 곳에 붙여지다.
글이나 말 따위에 설명이 덧붙거나 보태지다.

② **달리다** 달음질쳐 빨리 가거나 오다.
차, 배 따위가 빨리 움직이다.

교과 과학—설명문

09 탄산음료에 기체가 녹아 있다고?

🔊)) 다음 글을 소리 내어 읽어 보세요.

탄산음료는 여러 식품 첨가물을 사용하여 맛을 낸 용액에 이산화탄소를 인공적으로 용해하여 만든 음료입니다. 막 뚜껑을 연 탄산음료는 톡 쏘는 맛이 강합니다. 속이 더부룩할 때 탄산음료를 마시는 사람들이 늘었다고 해요. 그런데 한 번 뚜껑을 딴 탄산음료는 시간이 지나면 톡 쏘는 맛이 많이 줄어듭니다. 왜 이러한 김빠짐 현상이 생기는 것일까요?

기체의 녹는 정도 즉, 용해도는 압력에 영향을 받아요. 압력이 높을수록 기체의 용해도는 높아요. 그런데 우리가 평소 느끼는 공기의 압력 정도로는 톡 쏘는 만큼의 이산화탄소를 녹일 수 없어요. 그래서 공장에서 탄산음료를 제조할 때는 병 내부의 압력을 바깥 기압보다 3~4배 높게 한 뒤, 이산화탄소를 몽땅 녹이고 재빠르게 밀폐하지

요. 우리가 뚜껑을 따는 순간, 이산화탄소가 순식간에 쉭 하고 빠져나오면서 병 안의 기압이 낮아져요. 그렇기 때문에 우리가 아무리 뚜껑을 꽉 닫더라도 한 번 뚜껑을 딴 병의 이산화탄소 용해도는 이미 낮아져서 김빠짐 현상이 생기는 거예요.

이런 이유로 탄산음료 페트병은 생수 페트병과 여러모로 달라요. 먼저 같은 용량인 경우 탄산음료 페트병이 생수 페트병보다 조금 더 두꺼워요. 그리고 탄산음료 페트병에는 내용물을 덜 채워요. 병이 심하게 흔들릴 때 녹아 있던 기체가 분출하면 병이 터질 수 있기 때문에 이를 예방할 공간을 남겨 두는 것이지요. 또한 생수 페트병의 밑바닥은 평평한 데 반해, 탄산음료 페트병 밑바닥은 내부 압력을 견딜 수 있도록 올록볼록해요. 만약 밑바닥을 평평하게 만들면 기압을 이기지 못해 볼록 튀어나올 거예요.

 어휘
- **탄산**: 이산화탄소가 물에 녹아서 생기는 물질.
- **식품 첨가물**: 식료품을 제조·가공할 때 사람들이 더 좋아하도록 만들고 영양가를 높일 목적으로 넣는 물질.
- **밀폐**: 샐 틈이 없이 꼭 막거나 닫음.
- **실온**: 방 안의 온도, 실내의 온도.

그렇다면 한 번 개봉한 탄산음료의 김빠짐 속도를 늦출 수 있는 방법은 없을까요? ⟨   ⟩ 환경을 마련해 주면 도움이 된답니다. 앞에서 말했듯이 기체는 압력이 높을 때 더 잘 녹으니 뚜껑을 연 상태에서 병을 찌그러뜨린 후 뚜껑을 닫으면 도움이 됩니다. 내부의 빈 공간이 적어져 압력이 조금 올라가기 때문이지요. 뚜껑을 최대한 꽉 닫는 것도 도움이 됩니다. 한편, 기체는 온도가 낮을 때 더 잘 녹으니 냉장고에서 시원하게 보관하는 것이 실온에 보관하는 것보다 김이 덜 빠진답니다.

---

1 이 글을 요약한 문장의 빈칸을 알맞게 채우세요.

종합력

| 늦추는 | 김빠짐 | 높이는 | 특징 |

탄산음료의 [   ] 현상의 원인과 탄산음료 병의 [   ] 그리고

김빠짐 속도를 [   ] 방법.

2 ⟨   ⟩ 안에 들어갈 내용으로 알맞은 것에 ○표 하세요.

이해력

❶ 기체의 녹는 정도 즉, 용해도는 [압력 | 색깔 | 기분] 에 영향을 받아요.

❷ 탄산음료를 제조할 때는 병 내부의 압력을 바깥 기압보다 [두껍게 | 낮게 | 높게] 해요.

3

이야기를 생각하며 빈칸에 들어갈 내용을 고르세요. (   )

그렇다면 한 번 개봉한 탄산음료의
김빠짐 속도를 늦출 수 있는 방법은 없을까요?
[   ] 환경을
마련해 주면 도움이 된답니다.

① 기체의 종류를 바꾸는

② 기체의 온도를 바꾸는

③ 기체의 용해도를 높이는

4

세 번째 문단을 정리한 표의 빈칸에 들어갈 내용을 바르게 말한 친구의 번호를 쓰세요. (   )

탄산음료 페트병

생수 페트병

탄산음료 페트병이 더 [㉠] !

탄산음료는 내용물을 [㉡] 채운다!

탄산음료 밑바닥은 [㉢] 하다!

① '㉠ 두껍다 ㉡ 덜
㉢ 올록볼록'이야.

② '㉠ 얇다 ㉡ 더
㉢ 평평'이야.

5

첫 번째 문단입니다. 글의 흐름을 방해하기 때문에 차라리 빼는 것이 나은 문장의 기호를 쓰세요.

(   )

탄산음료는 여러 식품 첨가물을 사용하여 맛을 낸 용액에 이산화탄소를 인공적으로 용해하여 만든 음료입니다. ㉠ 막 뚜껑을 연 탄산음료는 톡 쏘는 맛이 강합니다. ㉡ 속이 더부룩할 때 탄산음료를 마시는 사람들이 늘었다고 해요. ㉢ 그런데 한 번 뚜껑을 딴 탄산음료는 시간이 지나면 톡 쏘는 맛이 많이 줄어듭니다. ㉣ 왜 이러한 김빠짐 현상이 생기는 것일까요?

6 이야기의 뼈대와 줄거리입니다. 빈칸에 들어갈 말을 골라 쓰세요.

내용 정리

> **보기**
>
> 속도 시원하게 밑바닥 제조 용해 압력 따뜻하게 이산화탄소

| 탄산음료 뚜껑을 따면 생기는 현상 | 식품 첨가물을 넣은 용액에 [＿＿＿＿]를 [＿＿＿＿]하여 만든 음료인 탄산음료는 한 번 뚜껑을 따면 톡 쏘는 맛이 줄어들어요. |

⬇

| 탄산음료 [＿＿＿] 과정과 김빠짐 현상의 원인 | 탄산음료를 만들 때 병 안의 [＿＿＿＿]을 높게 한 뒤 이산화탄소를 녹이는데, 뚜껑을 따는 순간 병 안의 압력이 낮아지면서 이산화탄소의 용해도가 낮아져서 김빠짐 현상이 생기는 것이지요. |

⬇

| 탄산음료 병과 생수 병의 비교 | 이런 이유로 탄산음료 병은 생수 병과 여러모로 달라요. 같은 용량인 경우 탄산음료 페트병이 생수 페트병보다 두껍고, 탄산음료 병에는 내용물을 덜 채우며, [＿＿＿＿]은 올록볼록하게 만들지요. |

⬇

| 김빠짐 [＿＿＿]를 늦추는 방법 | 뚜껑을 연 상태에서 병을 찌그러뜨린 후 뚜껑을 닫거나, 뚜껑을 최대한 꽉 닫고, 냉장고에서 [＿＿＿＿] 보관하면 김빠짐 속도를 조금 늦출 수 있답니다. |

7 파란색 글자의 뜻을 바르게 설명한 것을 고르세요. (   )

어휘력

> 기체는 온도가 낮을 때 더 잘 녹으니 냉장고에서 시원하게 보관하는 것이 실온에 보관하는 것보다 김이 덜 빠진답니다.

① **빠지다** 물이나 구덩이 따위 속으로 떨어져 잠기거나 잠겨 들어가다.
곤란한 처지에 놓이다.

② **빠지다** 박힌 물건이 제자리에서 나오다.
속에 있는 액체나 기체 또는 냄새 따위가 밖으로 새어 나가거나 흘러 나가다.

버섯이 식물이 아니라고?

🔊)) 다음 글을 소리 내어 읽어 보세요.

버섯은 향이 좋고 영양분이 듬뿍 들어 있어 요리 재료로 인기가 높아요. 느타리버섯, 표고버섯, 팽이버섯, 송이버섯 등 이름도, 생김새도 재미있지요. 슈퍼마켓에 가면 버섯은 어떤 종류에 분류되어 있을까요? 당연히 채소 칸이에요. 그래서 많은 사람이 버섯을 식물로 알고 있는데, 이것은 오해랍니다.

▲ 느타리버섯

▲ 표고버섯

▲ 팽이버섯

생물을 분류하는 법은 과학의 발달에 따라 계속 변해 왔어요. 분류학의 기초를 놓는 데 결정적인 기여를 한 스웨덴의 식물학자 린네(Carl von Linné)는 생물을 식물계와 동물계의 2계로 분류했지요. 그러다가 미생물이 발견되면서 독일의 생물학자 헤켈(Ernst Heinrich Haeckel)은 생물을 원생생물계, 식물계, 동물계의 3계로 분류했어요. 최근에는 미국의 식물생태학자 휘태커(Robert Harding Whittaker)가 만든 원핵생물계, 원생생물계, 식물계, 동물계, 균계의 5계 분류법을 따르고 있어요.

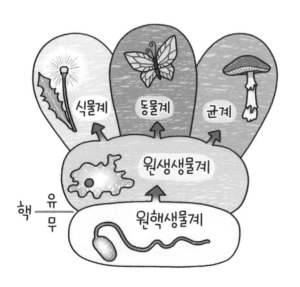

5계를 좀 더 자세히 설명하면 다음과 같아요. 먼저 세포에 핵이 없으면 원핵생물계로 분류해요. 원시적인 형태의 세포를 가진 생물이라는 뜻으로 박테리아 등이 여기에 속하지요. 세포에 핵이 있는 생물은 진핵생물이라고 하고 동물계, 식물계, 균계, 원생생물계로 분류해요. 동물은 움직일 수 있고 광합성을 하지 않는 다세포 생물이에요. 식물은 운동성이 없고, 광합성을 통해 스스로 양분을 만드는 다세포

어휘
• **기여**: 도움이 되게 함.
• **다세포**: 한 생물체 안에 여러 개의 세포가 있는 것.
• **번식**: 생물이 자손을 유지하고 늘리는 일.

생물이에요. 운동성도 없고, 광합성도 안 하는 생물을 균류라고 하는데, 버섯이 바로 이러한 특징을 가져요. 즉, 버섯은 식물계가 아니라 [   ]. 마지막으로 원핵생물계, 동물계, 식물계, 균계 중 어디에도 속하지 않는 것을 원생생물계라고 부릅니다.

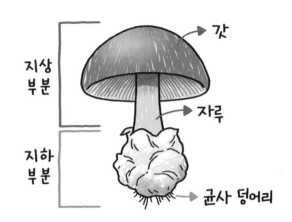

버섯의 구조는 지상 부분과 지하 부분으로 나뉘어요. 우리가 먹는 부분은 지상 부분인 갓과 자루이지요. 갓의 주름에는 홀씨가 들어 있어요. 지하 부분인 균사 덩어리는 홀씨에서 번식한 것이에요. 여기서 자루와 갓이 나와요. 즉, 우리는 균사가 홀씨를 퍼뜨리려고 땅 위로 올린 부분을 먹는 거지요. '균' 하면 왠지 작고 맨눈으로 볼 수 없을 것 같은데, 버섯은 상당히 큰 '균'인 셈이랍니다.

1 이 글을 요약한 문장의 빈칸을 알맞게 채우세요.
종합력

보기

| 분류법 | 오해 | 구조 | 사용 |

버섯에 대한 사람들의 [   ]와 휘태커의 생물 [   ]에 따른

버섯의 분류 및 버섯의 [   ].

2 [   ] 안에 들어갈 내용으로 알맞은 것에 O표 하세요.
이해력

❶ 최근 생물 분류법에 따르면 버섯은 | 원핵생물계 | 원생생물계 | 균계 | 에 속해요.

❷ 버섯은 | 갓 | 자루 | 균사 덩어리 | 의 주름 속에 들어 있는 홀씨로 번식해요.

3 이야기를 생각하며 빈칸에 들어갈 내용을 고르세요. (　　)

> 즉, 버섯은 식물계가 아니라
>
> [　　　　　　　　]

① 동물계에 속한답니다.

② 원핵생물계에 속한답니다.

③ 균계에 속한답니다.

4 세 번째 문단을 표로 만든 것입니다. 빈칸에 들어갈 말을 바르게 말한 친구의 번호를 쓰세요.

(　　)

	핵	운동성	광합성
동물계	있다	㉠	안 한다
식물계	㉡	없다	한다
균계	있다	없다	㉢

① '㉠ 있다 ㉡ 없다 ㉢ 한다'야.

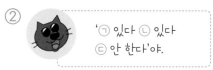
② '㉠ 있다 ㉡ 있다 ㉢ 안 한다'야.

5 이 글을 읽은 어린이들이 나눈 대화입니다. 바르게 말한 어린이의 이름을 쓰세요. (　　)

두 번째 문단을 중심으로 제목을 뽑아냈어.

주희

제목에 직접적인 대답을 해 주는 곳은 세 번째 문단이야.

수아

버섯의 구조를 지하 부분에서 지상 부분 순서로 올라가며 설명했어.

지후

6 이야기의 뼈대와 줄거리입니다. 빈칸에 들어갈 말을 골라 쓰세요.

내용 정리

> **보기**　　구조　　광합성　　분류법　　지상　　식물　　균계　　휘태커　　옥상

버섯에 대한 사람들의 오해	요리 재료로 인기가 높고, 이름과 생김새도 재미있는 버섯을 많은 사람이 [　　　　] 로 오해하고 있어요.

↓

생물 분류법의 변화	생물 분류법은 린네의 2계 분류에서 헤켈의 3계 분류로 변화했고, 최근에는 [　　　　] 가 만든 5계 [　　　　] 을 따르고 있어요.

↓

5계 분류법에 따른 버섯의 분류	5계 분류법에서는 생물을 핵의 유무, 운동성의 유무, [　　　　] 을 할 수 있는지 없는지에 따라 원핵생물계, 원생생물계, 동물계, 식물계, 균계로 분류하는데, 버섯은 [　　　　] 에 속해요.

↓

버섯의 [　　　]	버섯은 우리가 먹는 갓과 자루로 된 [　　　　] 부분과 균사 덩어리로 된 지하 부분으로 나뉘는데, 이 지하 부분에서 갓과 자루가 나오는 것이랍니다.

7 파란색 글자의 뜻을 바르게 설명한 것을 고르세요. (　　　)

어휘력

> 최근에는 미국의 식물생태학자 휘태커가 만든 원핵생물계, 원생생물계, 식물계, 동물계, 균계의 5계 분류법을 따르고 있어요.

① **따르다**　그릇을 기울여 안에 들어 있는 액체를 밖으로 조금씩 흐르게 하다.

② **따르다**　어떤 기준이나 원리에 맞춰 그대로 따라하다.

구름을 보면 날씨가 보인다고?

🔊 다음 글을 소리 내어 읽어 보세요.

　세계 과학자들은 날씨에 대한 정보를 원활하게 주고받기 위해 구름의 기본형을 10가지로 표준화했어요. 과학자들이 구름을 어떻게 나누는지, 구름의 종류에 따라 날씨가 어떻게 달라지는지 알아보아요.

　먼저 과학자들은 구름을 모양에 따라 두 가지로 나누어요. 상승기류가 강할 때는 구름이 위로 쌓이며 발달하는데, 이런 구름은 한자로 '쌓을 적(積)'자를 앞에 붙여 적운형 구름이라고 해요. 반대로 상승기류가 약할 때는 구름이 옆으로 퍼지며 발달하는데, 이런 구름을 1층, 2층 이렇게 층이 져 있다는 뜻으로 층운형 구름이라고 하지요. 다음으로 과학자들은 적운형과 층운형을 다시 높이에 따라 나누어요. 적운형은 적운과 적란운 두 가지로, 층운형은 상층운, 중층운, 하층운으로 구분한 뒤 그 안에서 여덟 가지로 나누어요. 이렇게 나누어진 10가지 기본형은 그림과 같아요.

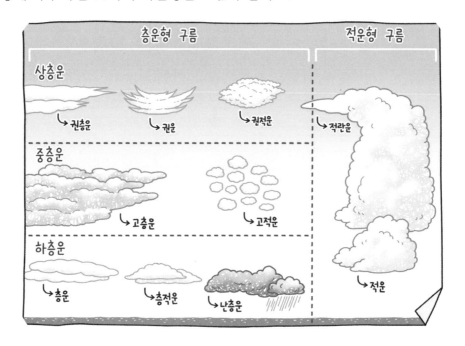

　위 구름의 종류 중에서 맑은 날씨와 관련된 대표적인 구름으로 적운과 권운을 들 수 있어요. 먼저 적운은 뭉게구름이라고도 불러요. 기온이 오르면서 상승 공기가 증가하면 구름이 뭉게뭉게 피어나며 위로 쌓이기 때문이지요. 적운은 대부분 맑고 푸른 하늘에 나타나요. 다음으로 권운은 흰색의 깃털 모양으로 나타나서 새털구름이라고도 불려요. 구름층이 얇고 사방으로 흩어져 있어요. 권운에서는 비가 거의 내리지 않아요.

 어휘
● **표준화**: 일정한 기준에 따라 통일함.
● **동반**: 어떤 사물이나 현상이 함께 생김.
● **상승기류**: 위로 향해 올라가는 공기의 흐름.

굳은 날씨와 관련된 구름으로는 난층운, 고층운, 권적운, 적란운 등을 들 수 있어요. 난층운은 어두운 회색으로 비나 눈을 내리는 대표적인 구름이에요. 그래서 비구름이나 눈구름으로도 불리지요. 하늘 전체를 골고루 덮는 고층운은 본격적인 비가 내리기 직전에 나타나요. 권적운은 직접적으로 비를 내리지는 않지만, 태풍을 예고하는 구름이에요. 거대한 탑처럼 수직으로 크게 발달하는 적란운은 천둥 번개와 돌풍을 동반하지요. 이렇게 우리는 구름의 종류로 날씨에 대한 정보를 얻을 수 있어요. 구름은 자연의 [   ]인 셈이랍니다.

▲난층운(비구름/눈구름)

▲고층운

▲권적운

▲적란운

1 이 글을 요약한 문장의 빈칸을 알맞게 채우세요.
종합력

보기

| 대표적인 | 10 | 굳은 | 아름다운 |

과학자들이 구름을 나누는 방법과 [   ]가지 기본형 구름, 그리고 맑은 날씨와 [   ] 날씨를 알려주는 [   ] 구름.

2 [   ] 안에 들어갈 내용으로 알맞은 것에 O표 하세요.
이해력

❶ 권운은 흰색의 깃털 모양으로 나타나서 거위털구름 | 새털구름 | 닭털구름 이라고도 불려요.

❷ 난층운은 어두운 노란색 | 보라색 | 회색 으로 비나 눈을 내리는 대표적인 구름이에요.

3 이야기를 생각하며 빈칸에 들어갈 내용을 고르세요. (   )

추론능력

> 구름은 자연의
>
> 인 셈이랍니다.

① 보석상자

② 주인공

③ 일기예보

4 세 번째 문단은 세 덩어리로 구별됩니다. <u>밑줄 친 두 번째 덩어리</u>에 해당하는 문장 세 가지에 O표 하세요.

분석력

```
단락을 이끄는 문장
        ↓
적운에 대한 설명
        ↓
권운에 대한 설명
```

㉠ 위 구름의 종류 중에서 맑은 날씨와 관련된 대표적인 구름으로 적운과 권운을 들 수 있어요. ㉡ 먼저 적운은 뭉게구름이라고도 불려요. ㉢ 기온이 오르면서 상승 공기가 증가하면 구름이 뭉게뭉게 피어나며 위로 쌓이기 때문이지요. ㉣ 적운은 대부분 맑고 푸른 하늘에 나타나요. ㉤ 다음으로 권운은 흰색의 깃털 모양으로 나타나서 새털구름이라고도 불려요. ㉥ 구름층이 얇고 사방으로 흩어져 있어요. ㉦ 권운에서는 비가 거의 내리지 않아요.

5 아래 표를 보고 바르게 말한 어린이의 이름을 쓰세요. (   )

사고력

적운형 구름 (위로 쌓이는 구름)		층운형 구름 (옆으로 퍼진 구름)		
높다 ↕ 낮다	적란운 → 궂은 날씨	높다 ↕ 낮다	상층운	권층운
				권운 → 맑은 날씨
				권적운 → 궂은 날씨
			중층운	고적운
				고층운 → 궂은 날씨
	적운 → 맑은 날씨		하층운	층운
				층적운
				난층운 → 궂은 날씨

사랑이

옆으로 퍼진 구름이 보이면 항상 맑은 날씨야.

지후

낮은 구름이 보이면 항상 궂은 날씨야.

소망이

위로 쌓이는 구름이 보일 때 날씨는 궂을 수도, 맑을 수도 있구나.

6 이야기의 뼈대와 줄거리입니다. 빈칸에 들어갈 말을 골라 쓰세요.

내용 정리

보기   기본형   적란운   모양   맑고   높이   태풍   적갈색   날씨

| 글감의 소개 | 세계 과학자들이 구름을 어떻게 10가지로 나누는지, 구름의 종류에 따라 [   ]가 어떻게 달라지는지 알아보아요. |

⬇

| 구름의 분류법과 10가지 [   ] | 먼저 과학자들은 [   ]에 따라 위로 쌓이는 적운형, 옆으로 퍼지는 층운형 구름으로 나눈 뒤, 그 안에서 다시 [   ]에 따라 적운형은 두 가지, 층운형은 여덟 가지로 나누어요. |

⬇

| 맑은 날씨와 관련된 구름 | 맑은 날씨와 관련된 구름으로 적운과 권운이 있는데, 적운은 대부분 [   ] 푸른 하늘에 나타나고, 권운에서는 비가 거의 내리지 않아요. |

⬇

| 궂은 날씨와 관련된 구름 | 난층운은 비나 눈을 내리고, 고층운은 비를 내리고, 권적운은 [   ]을 예고하며, [   ]은 천둥 번개와 돌풍을 동반해요. 이렇게 구름의 종류로 날씨 정보를 얻을 수 있답니다. |

7 파란색 글자의 뜻을 바르게 설명한 것을 고르세요. (   )

어휘력

맑은 날씨와 관련된 대표적인 구름으로 권운과 적운을 들 수 있어요.

① **들다**   물감, 색깔, 물기 등이 스미거나 배다.

② **들다**   설명하기 위해 가져다 소개하다.

교과 과학―대화문

흙에 따라 색깔이 바뀌는 꽃이 있다고?

🔊 제주도에 여행 간 사랑이네의 대화입니다. 다음 글을 소리 내어 읽어 보세요.

사랑이

아빠, 혼인지의 입장료가 무료예요!

아빠

수국 명소에 공짜라니 '꿩 먹고 알 먹고'구나.

제주 혼인지 ▶

엄마

혼인지의 유래가 여기 쓰여 있어. 삼성혈에서 솟아난 세 남자 신과 바다에서 떠오른 함에서 나타난 세 여인이 결혼을 한 연못이래. 세 여인이 오곡의 씨와 망아지 등을 가져왔다네. 아하, 제주도의 농경과 목축의 시작을 말해 주는 설화의 장소이구나!

사랑이

㉠ 집 근처 수국은 빨간색인데, 여기 수국은 왜 파란색이에요?

아빠

그건 수국에 들어있는 '안토시아닌'이라는 성분이 토양에 따라 꽃의 색깔을 결정하기 때문이야.

사랑이

안토시아닌? 블루베리 주스 포장지에서 본 말이에요!

엄마

(가)

맞아, 그 안토시아닌. 흙에 알루미늄 성분이 많으면 즉, 산성이면 수국의 꽃은 푸른색을 띠게 돼. 토양에서 흡수된 알루미늄 성분이 꽃의 안토시아닌과 결합하여 일어나는 현상이지. 반대로 흙에 알루미늄 성분이 적으면 즉, 염기성이면 꽃은 붉은색을 띠게 되지.

사랑이

㉡ 아하! 그러니까 집 근처의 땅은 염기성이고, 여기 땅은 산성이라서 수국 꽃 색깔이 다른 거네요?

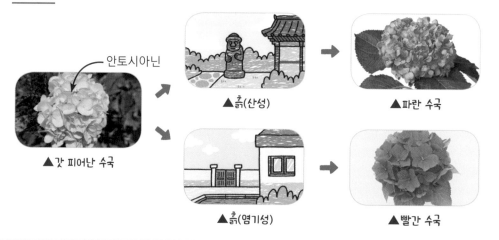

안토시아닌

▲ 갓 피어난 수국

▲ 흙(산성)

▲ 파란 수국

▲ 흙(염기성)

▲ 빨간 수국

어휘

- **명소**: 경치가 좋거나 옛 문화를 알려 주는 건물, 터가 있어 유명한 장소.
- **함**: 옷이나 물건 따위를 넣을 수 있도록 네모지게 만든 통.
- **품종**: 원래 있던 식물에서 유전자를 바꿔 만든 새로운 종류.

아빠 그렇지. 그 원리를 이용하면 수국 꽃 색깔을 바꿀 수도 있어. 갓 피어난 수국 꽃은 흰색에 가까워. 그런데 손톱에 봉숭아 물을 들일 때 쓰는 백반을 수국 주위에 묻고 물을 주면 꽃 색깔이 차츰차츰 푸른색으로 변해. 백반에는 알루미늄 성분이 들어 있어서 흙을 산성으로 바꿔 주거든.

엄마
(나)
붉은색 꽃을 피게 하고 싶으면 토양을 염기성으로 바꿔 주면 돼. 예를 들어 달걀껍데기를 잘게 부수어 수국 주변에 뿌리면 꽃이 붉은색을 띠게 돼. 달걀껍데기는 칼슘 덩어리라 흙을 염기성으로 바꿔 주거든.

사랑이 그럼, 하나의 수국에서 여러 색깔의 꽃이 피는 경우는 어떻게 된 거예요?

아빠 수국의 줄기와 연결된 뿌리들이 각각 다른 방향으로 뻗었는데, 마침 각 뿌리가 닿아 있는 토양 성분이 제각기 다르면 벌어지는 일이지.

엄마 수국 꽃이 흰색인 경우는 흙의 성분이 아니라 품종에 의해 꽃 색깔이 결정된다고 해. 처음부터 꽃에 안토시아닌 성분이 없는 품종은 [   ] 꽃이 흰색으로 유지되는 거지.

사랑이 우아! 꽃의 색깔에 이렇게 다양한 비밀이 숨어 있다니 정말 신기해요.

1 이 글을 요약한 문장의 빈칸을 알맞게 채우세요.
종합력

보기

┌─────────────────────────────────┐
│ 무지개   여러   수국   파란색 │
└─────────────────────────────────┘

혼인지에 핀 [   ] 꽃 색깔이 [   ] 인 이유, 수국 꽃 색깔을 바꾸는

방법, 그리고 [   ] 색깔이 한 수국에 피는 경우와 흰색이 피는 경우.

2 [   ] 안에 들어갈 내용으로 알맞은 것에 O표 하세요.
이해력

❶ 혼인지는 [울릉도 | 독도 | 제주도] 의 농경과 목축의 시작을 말해 주는 설화의
장소예요.

❷ 수국의 '안토시아닌'이라는 성분이 토양에 따라 꽃의 [크기를 | 색깔을 | 모양을]
결정해요.

3 이야기를 생각하며 빈칸에 들어갈 내용을 고르세요. (   )

추론 능력

> 처음부터 꽃에 안토시아닌 성분이
> 없는 품종은
>
> _____
>
> 꽃이 흰색으로 유지되는 거지.

① 흙의 성분에 따라

② 흙의 성분과 상관없이

③ 다른 성분 때문에

4 본문에 나오는 두 질문의 차이점을 잘 비교한 친구의 번호를 쓰세요. (   )

분석력

> ㉠ 집 근처 수국은 빨간색인데, 여기 수국은 왜 파란색이에요? ㉡ 그러니까 집 근처의 땅
> 은 염기성이고, 여기 땅은 산성이라서 수국 꽃 색깔이 다른 거네요?

① ㉠은 정말 궁금해서 묻는 질문이고,
㉡ 자신이 말한 것이
맞는지 확인하는 질문이야.

② ㉠은 자신이 말한 것이 맞는지
확인하는 질문이고,
㉡은 정말 궁금해서 묻는 질문이야.

5 다음은 (가)와 (나)의 내용을 연결하여 정리한 것입니다. 빈칸에 들어갈 알맞은 내용을 고르세요.
(   )

사고력

> 토양이 산성이면 수국은 푸른색을 띤다. 그런데 _____
> 그래서 달걀껍데기를 잘게 부셔서 수국 주변에 뿌리면 꽃이 붉은색을 띠게 된다.

① 달걀껍데기는
잘 부서진다.

② 달걀껍데기는 음식물
쓰레기가 아니다.

③ 달걀껍데기는 흙을
염기성으로 바꿔 준다.

이야기의 뼈대와 줄거리입니다. 빈칸에 들어갈 말을 골라 쓰세요.

보기
흰 안토시아닌 달걀껍데기 산성 수국 혼인지 백반 회색

| 소개 | 사랑이네가 방문한 혼인지는 제주도의 농경과 목축의 시작을 말해 주는 연못인데 [   ]으로도 유명해요. |

↓

| 수국 꽃 색깔과 토양의 관계 | 사랑이가 혼인지의 수국이 왜 파란색이냐고 묻자, 부모님께서는 수국에 들어 있는 [   ] 때문이며 수국은 [   ] 땅에서는 푸른색, 염기성 땅에서는 붉은색 꽃을 피운다고 하셨어요. |

↓

| 수국 꽃 색깔을 바꾸는 방법 | 부모님은 수국 주위에 [   ]을 묻어 꽃을 푸른색으로, [   ]를 뿌려 꽃을 붉은색으로 바꿀 수 있다고도 하셨어요. |

↓

| 여러 색 또는 흰색 꽃이 피는 경우 | 또한 수국 뿌리가 뻗은 부분의 토양 성분이 제각기 다르면 하나의 수국에서 여러 색의 꽃이 피기도 하고, 처음부터 안토시아닌이 없는 품종은 [ ] 꽃이 핀다는 것도 알려 주셨어요. |

파란색 글자의 뜻을 바르게 설명한 것을 고르세요. (   )

수국의 줄기와 연결된 뿌리들이 각각 다른 방향으로 뻗었는데, 마침 각 뿌리가 닿아 있는 토양 성분이 제각기 다르면 벌어지는 일이지.

① **벌어지다** 어떤 일이 일어나거나 진행되다.

② **벌어지다** 갈라져서 사이가 뜨다. 식물의 잎이나 가지, 꽃봉오리가 넓게 퍼지다.

1 어울리는 내용끼리 알맞게 연결하세요.

혹한기에 이글루 안은 ○

○ 병 내부 압력을
바깥 기압보다 높게 해요.

마스 익스프레스가 촬영한
화성 표면 사진에 ○

○ 구름의 종류로 날씨에 대한
정보를 얻을 수 있어요.

탄산음료를 제조할 때는
이산화탄소 용해도를 높이기 위해 ○

○ 얼음벽에 물을 뿌려 난방해요.

버섯은 운동성이 없고
광합성도 안 하므로 ○

○ 산성 토양에서는 푸른색 꽃이,
염기성 토양에서는 붉은색 꽃이 펴요.

과학자들은 구름을 모양과 높이에
따라 10가지로 구분하는데 ○

○ 날개를 편 천사와 하트처럼
보이는 모습이 연출되었어요.

수국에는 안토시아닌이라는
성분이 들어 있어서 ○

○ 식물계가 아닌 균계에 속해요.

2 <보기>의 말을 낱말 판에서 찾아 묶어 보세요.

보기   혹한기   분화구   밀폐   번식   표준화   명소

류	뤼	히	표	준	화	뷔	맛
천	확	채	퍼	않	곧	훈	퍼
밀	폐	쿠	튜	츄	명	쓸	튜
류	뤼	히	번	휘	소	뷔	혹
됴	규	네	식	제	째	슈	한
분	화	구	봇	못	옳	뷰	기

생활문

국어 교과서에는 이야기나 설명글 외에도 여러 가지 형식의 글이 담겨 있어요. 언어 활동은 다양한 맥락과 다양한 목적 아래 이루어지기 때문이지요. 그래서 셋째 마당에 설명문, 기행문, 대화문, 주장하는 글, 일기 등 여러분이 생활하며 만날 수 있는 다양한 글을 담았어요. 또한 글감은 국어 단원의 순서에 맞도록 배열되어 있으니 국어 과목을 예습하거나 복습하는 데에도 도움이 될 거예요. 셋째 마당을 통해 독해 실력을 한 단계 더 높여 보세요.

노숙인 쉼터에 로봇 경찰견 투입, 적절한가?

🔊 다음 글을 소리 내어 읽어 보세요.

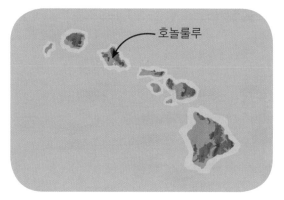
호놀룰루
▲ 하와이

▲ 로봇 경찰견 '스팟'

　최근 미국 하와이주 호놀룰루의 경찰이 코로나19 검사를 이유로 노숙인 쉼터에 로봇 경찰견을 투입했습니다. 로봇 경찰견은 노숙인의 눈을 훑어 발열 여부를 확인하는 역할을 맡았어요. 쉼터에서 식사를 하는 노숙인 사이를 돌아다니며 노숙인의 체온을 확인하는 것입니다. 이에 대해 문제가 없다고 보는 입장과 적절하지 않다는 입장이 서로 충돌하며 논란이 일고 있습니다.

　문제가 없다고 주장하는 사람들이 내세우는 근거는 다음과 같습니다.

　첫째, 로봇이 체온을 측정하는 것이 더 안전하다는 것입니다. 마스크를 잘 착용하지 않고 지내는 노숙인에게 다가가서 체온을 재면 간호사가 감염 위험에 노출됩니다. 그러나 로봇 경찰견을 투입하면 이런 일이 없다는 것이지요.

　둘째, 로봇 경찰견은 이미 사용하고 있는 체온 측정 기계와 다를 게 없다는 것입니다. 서 있는 기계를 움직이는 기계로 바꾼 것뿐이고, 오히려 들어갈 내용을 추측해 보세요. 더 편하지 않겠냐는 것이지요.
→ 3번 추론 능력 문제

　셋째, 로봇 경찰견의 실력을 시험해 봐야 해서 어쩔 수 없다는 것입니다. 경찰들에게는 꼭 필요한 기회라는 것이지요.

 어휘
● **투입**: 필요한 곳에 사람, 물건 등을 넣음.
● **노출**: 드러냄.
● **잠재적** : 겉으로 드러나지 않지만 숨은 상태로 존재하는 것.

적절하지 않다고 주장하는 사람들이 내세우는 근거는 다음과 같습니다.

첫째, 노숙인들의 허락 없이 쉼터에 로봇을 투입한 것은 인권 침해라는 것입니다. 쉼터는 노숙인에게 집이나 마찬가지인데, 남의 집에 함부로 경찰견을 들여보내는 것이 과연 옳은지 묻습니다.

둘째, 로봇 경찰견의 투입은 노숙인을 잠재적 범죄자로 취급하는 불쾌한 행동이라는 것입니다. 그동안 주로 범죄 현장에 투입되었던 로봇 경찰견에 의해 체온 측정을 당하는 게 기분이 좋겠냐는 것이지요.

논란이 일자 호놀룰루 경찰은 인력의 부족으로 로봇을 활용한 것뿐이라고 해명하며, 그래도 투입 이전에 노숙인 쉼터의 관리자 및 노숙인의 동의를 구하지 않은 것은 잘못이라고 사과했습니다. 여러분은 어떻게 생각하나요?

---

1 이 글을 요약한 문장의 빈칸을 알맞게 채우세요.

종합력

보기

| 논란 | 경찰견 | 노숙인 | 반성 |

[   ] 쉼터에 로봇 [   ]을 투입한 하와이 경찰의 행동에 대한 [   ].

2 [   ] 안에 들어갈 내용으로 알맞은 것에 O표 하세요.

이해력

❶ 로봇 경찰견은 쉼터를 찾은 노숙인들의 | 눈을 | 코를 | 귀를 | 훑어서 발열 여부를 확인해요.

❷ 논란이 일자 경찰은 | 예산 | 시간 | 인력 | 의 부족으로 로봇을 활용한 것뿐이라고 해명했어요.

3 이야기를 생각하며 빈칸에 들어갈 내용을 고르세요. (　　　)

추론 능력

> 서 있는 기계를 움직이는
> 기계로 바꾼 것뿐이고, 오히려
>
> ──────────────
>
> 더 편하지 않겠냐는 것이지요.

① 다른 기계보다 체온 측정을 더 잘 하니
② 로봇 경찰견의 모습이 깜찍하기 때문에
③ 가만히 있어도 기계가 와서 체온을 재니

4 아래 문단을 제대로 분석한 친구의 번호를 쓰세요. (　　　)

분석력

> 첫째, 노숙인들의 허락 없이 쉼터에 로봇을 투입한 것은 인권 침해라는 것입니다. 쉼터는 노숙인에게 집이나 마찬가지인데, 남의 집에 함부로 경찰견을 들여보내는 것이 과연 옳은지 묻습니다.

① 첫 번째 문장에서 근거를 들었고, 두 번째 문장에서 보충 설명을 했어.

② 첫 번째 문장에서 느낌을 말했고, 두 번째 문장에서 배경지식을 설명했어.

5 밑줄 친 부분에 대해 알맞게 말한 어린이의 이름을 쓰세요. (　　　)

사고력

> 노숙인 쉼터에 로봇 경찰견을 투입한 것은 문제가 없다.
>
> 첫째, 로봇 경찰견이 체온을 측정하는 게 간호사 입장에서 더 안전하다.
> 둘째, 로봇 경찰견은 이미 사용하고 있는 체온 측정 기계와 같은 기계일 뿐이다.
> 셋째, 로봇 경찰견의 실력을 시험해야 한다.

다른 근거에 비해 간호사의 입장을 고려한 것이니 주장에 꼭 필요한 것으로 보여.

준서

굳이 노숙인 쉼터에서 시험을 해야 하나 하는 반발을 불러올 수 있으니 다른 근거에 비해 도움이 안 돼.

지후

다른 근거에 비해 과학적 사실을 바탕으로 했으므로 주장에 큰 보탬이 돼.

수아

6 이야기의 뼈대와 줄거리입니다. 빈칸에 들어갈 말을 골라 쓰세요.

내용 정리

보기
동의   범죄자   인권   논란   로봇   안전   근거   반대

| ☐이 된 사건의 개요 | 최근 미국 하와이주 호놀룰루의 경찰이 코로나19 검사를 이유로 노숙인 쉼터에 ☐ 경찰견을 투입해서 논란이 일고 있습니다. |

↓

| 문제가 없다는 입장의 ☐ | 문제가 없다고 주장하는 사람들은 로봇이 체온을 측정하는 것이 더 ☐하며, 이미 사용하고 있는 체온 측정 기계와 다를 게 없다는 점을 근거로 듭니다. |

↓

| 적절하지 않다는 입장의 근거 | 적절하지 않다고 주장하는 사람들은 노숙인의 허락 없이 로봇을 투입한 것은 ☐ 침해이며, 노숙인을 잠재적인 ☐로 취급하는 불쾌한 행동이라는 점을 근거로 듭니다. |

↓

| 경찰의 해명과 사과 | 논란이 일자 경찰은 인력 부족으로 내린 결정일 뿐이라며, 투입 전에 쉼터의 관리자 및 노숙인의 ☐를 구하지 않은 것은 잘못이라고 사과했습니다. |

7 파란색 글자인 '내세우다'를 사전에서 찾은 뜻입니다. 이 문장에 어울리는 뜻의 번호를 고르세요. (   )

어휘력

낱말	내세우다
문장	노숙인 쉼터에 로봇 경찰견을 투입한 것에 문제가 없다고 주장하는 사람들이 내세우는 근거는 다음과 같습니다.
뜻	「동사」 ① 나와 서게 하다. ② 어떤 일에 나서게 하거나 앞장서서 행동하게 하다. ③ 주장이나 의견 따위를 내놓고 주장하거나 지지하다.

※ 두 가지 이상의 뜻을 가진 낱말을 '다의어'라고 해요.

경주가 경주를 가다!

🔊 다음 글을 소리 내어 읽어 보세요.

대학생인 사촌 언니와 고속열차를 타고 경주를 다녀왔다. 미주 언니는 "경주가 경주를 가네!"라며 웃었다. 언니는 역사와 수학에 대해 뭐든지 아는 척척박사이다. 경주에 도착한 우리는 언니가 예약해 둔 '세계문화유산 시티투어'를 시작했다. 하늘이 맑고 바람도 솔솔 불어 여행하기 딱 좋은 날씨였다.

첫 번째 여행지는 무열왕릉이었다. 무덤의 주인이 무열왕임을 알게 된 것이 거북 모양 받침대에 남아 있는 비석 때문이라는 점이 흥미로웠다. 두 번째 여행지는 천마총이 있는 대릉원으로 그 유명한 신라 금관이 발견된 곳인데 무덤 내부를 볼 수 있어서 마치 과거를 여행하는 듯한 착각이 들었다. 세 번째 여행지인 분황사는 선덕여왕 때 세워진 절이다. 원래는 7층 혹은 9층이었을 모전석탑이 지금은 3층만 남아 있어 아쉬웠다.

우리가 가장 신이 났던 곳은 불국사이다. 불국사에서 가장 유명한 것은 대웅전, 다보탑 그리고 석가탑이다. 언니는 하늘에서 내려다보면 이 셋이 삼각형을 이루며 균형 있게 배치되어 있다고 설명해 주었다. 이 셋 사이에 석등이 있는데 석등에서 대웅전, 다보탑, 석가탑 사이의 거리가 모두 같다고 한다. ☐☐☐☐☐☐☐☐☐☐ 석등을 중심에 두었나 보다. 언니는 석가탑에 대해서도 자세히 설명해 주었다. 석가탑은 3층 석탑이다. 터 위에 올린 기단부와 맨 꼭대기 쇠붙이로 된 장식인 상륜부 사이에 3개의 옥신과 옥개가 있다. 각층 옥개의 높이와 옥신의 높이는 황금비를 이룬다고 한다.

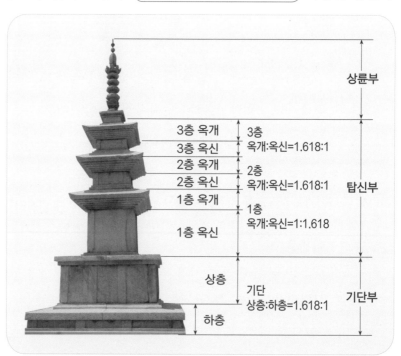

상륜부

3층 옥개	3층 옥개:옥신=1.618:1
3층 옥신	
2층 옥개	2층 옥개:옥신=1.618:1
2층 옥신	
1층 옥개	1층 옥개:옥신=1:1.618
1층 옥신	

탑신부

| 상층 | 기단 상층:하층=1.618:1 |
| 하층 | |

기단부

• **옥신**: 석탑의 몸체를 이루는 돌.
• **옥개**: 석탑이나 석등 따위의 위에 지붕처럼 덮는 돌.
• **결정체**: 노력의 결과로 얻은 보람을 비유적으로 이르는 말.

언니는 사람 눈에 가장 아름답게 보이는 비율을 '황금비'라 부르며 큰 부분과 작은 부분의 비가 1.618:1이라는 것도 알려 주었다.

　마지막으로 간 곳은 석굴암이다. 산길을 올라가 만난 석굴암에서도 수학 원리를 찾을 수 있었다. 언니는 본존불의 얼굴 너비를 1이라고 할 때 가슴의 너비는 2, 어깨는 3, 무릎은 4가 되어 안정감이 느껴진다고 설명해 주었다. 가만히 바라보니 마음이 평온해지는 것 같았다. 석굴암을 흔히 신라의 수학과 과학, 예술의 결정체라고 하던데 정말 그런 것 같다. 역사와 수학을 함께 배운 경주의 경주 여행! 언니 덕분에 더 유익하고 즐거웠다. 친구들에게도 꼭 한번 가 보라고 추천하고 싶다.

---

1 이 글을 요약한 문장의 빈칸을 알맞게 채우세요.

종합력

보기

| 문화　　느낀　　경주　　싫었던 |

경주가 사촌 언니와 [　　　]의 세계 [　　　] 유산을 여행하며 보고,

듣고 [　　　] 점.

2 [　　　] 안에 들어갈 내용으로 알맞은 것에 O표 하세요.

이해력

❶ 무열왕릉의 주인이 무열왕이라는 것을 알게 된 것은 | 거북 | 자라 | 백조 | 모양 받침대에 남아 있는 비석 때문이다.

❷ 석가탑은 기단부와 상륜부 사이에 | 2개 | 3개 | 4개 | 의 옥신과 옥개가 있다.

3 이야기를 생각하며 빈칸에 들어갈 내용을 고르세요. (   )

추론 능력

석등에서 대웅전, 다보탑, 석가탑
사이의 거리가 모두 같다고 한다.

석등을 중심에 두었나 보다.

① 불국사의 한쪽만 환하게 밝히려고
② 불국사를 골고루 환하게 밝히려고
③ 불국사에서 가장 돋보이게 하려고

4 사진을 보고 알맞게 말한 친구의 번호를 쓰세요. (   )

분석력

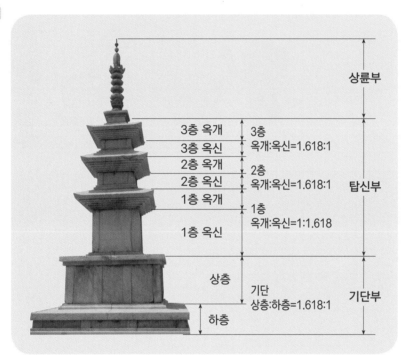

상륜부

3층 옥개
3층 옥신   3층
옥개:옥신=1.618:1

2층 옥개
2층 옥신   2층
옥개:옥신=1.618:1   탑신부

1층 옥개
1층 옥신   1층
옥개:옥신=1:1.618

상층   기단
상층:하층=1.618:1   기단부
하층

①
황금비인지 확인할 때
모든 층에서
옥개를 큰 부분으로
두고 계산해야 해.

②
황금비인지 확인할 때
1층은 옥신을
큰 부분으로 두고
계산해야 해.

5 내용을 잘 이해하지 <u>못한</u> 어린이의 이름을 쓰세요. (   )

사고력

경주는 방문한 곳보다
날씨에 대한 설명을
더 자세히 했어.

준서

경주는 다른 여행지보다
불국사와 석굴암에 대해
더 자세히 설명했어.

지후

경주는 여행을 하며
느낀 점들을 기행문
곳곳에 담았어.

수아

6 이야기의 뼈대와 줄거리입니다. 빈칸에 들어갈 말을 골라 쓰세요.

내용 정리

> **보기**
>
> 삼각형   황금비   감상   역사   금관   석굴암   모전석탑   감사

여행지와 사촌 언니에 대한 소개	⬚ 와 수학을 잘 아는 사촌 언니와 나는 경주에 가서 '세계문화유산 시티투어'를 했다.

⬇

무열왕릉, 대릉원, 분황사 소개	거북 모양 받침대에 남아 있는 비석 때문에 주인을 알게 된 무열왕릉, 신라 ⬚ 이 발견된 천마총이 있는 대릉원, ⬚ 이 남아 있는 분황사를 방문했다.

⬇

불국사의 특징과 석가탑의 황금비	언니는 불국사의 대웅전, 다보탑 그리고 석가탑이 ⬚ 을 이루며 균형 있게 배치되어 있다고 설명해 주었다. 석가탑은 각층의 옥개와 옥신의 높이가 ⬚ 를 이루고 있다고 한다.

⬇

본존불의 특징과 여행에 대한 ⬚	마지막으로 간 ⬚ 의 본존불은 얼굴, 가슴, 어깨, 무릎이 1 : 2 : 3 : 4의 비를 이루고 있어 평온함이 느껴진다. 역사와 수학을 함께 배운 경주 여행을 친구들에게도 추천하고 싶다.

7 파란색 글자인 '이루다'를 사전에서 찾은 뜻입니다. 이 문장에 어울리는 뜻의 번호를 고르세요. (   )

어휘력

낱말	이루다
문장	각층 옥개의 높이와 옥신의 높이가 황금비를 이룬다고 한다.
뜻	「동사」 ① 어떤 상태가 되도록 하다. 예 조화를 이루다. ② 뜻한 대로, 마음먹은 대로 되게 하다. 예 목적을 이루다. ③ 여러 요소들이 모여 하나를 만들다. 예 사물을 이루다.

〈떡 노래〉와 〈떡타령〉

🔊 다음 글을 소리 내어 읽어 보세요.

얼마 전 사랑이는 음악 시간에 민요 〈떡 노래〉를 배웠어요. 재미있는 가사가 흥미로웠지요.

그런데 명절 때 차 안에서 아버지가 라디오를 트셨는데, 한 프로그램에서 소개한 어느 민요가 귀에 쏙 들어왔어요.

제목은 〈떡타령〉이었는데, 〈떡 노래〉와 비슷한 느낌이 들었어요. 방송국 누리집을 검색하여 가사를 찾아보니 교과서에서 배운 〈떡 노래〉와 비슷한 점도 있고, 다른 점도 있었지요. 사랑이는 친구들의 반응이 궁금하여 〈떡타령〉 가사를 누리소통망에 공유했어요.

〈떡 노래〉 가사

떡 떡떼기야	강가 사람은 강냉이떡
떡 떡떼기야	요내 요기는 고구마떡
산중 사람은 칡가래떡	떡 떡배비떡
해변 사람은 갈파래떡	경상도 골미떡
떡 떡떼기야	조청잔에다 띄워 놓고
떡 떡떼기야	요내목으로 홀라당

〈떡타령〉 가사

떡 떡 배피떡	이 떡 저 떡 배를 무어
기피고물에 찬시리떡	찰떡으로 밑을 깔고
서울 사람은 설기떡	문지떡으로 칠을 박고
전라도 사람은 찰떡	대떡으로 돛을 달아
들녘 사람은 쑥떡	조청강에다 띄워 좋고
산중 사람은 칡가리떡	북을 두둥둥
해변 사람은 파래떡	어기야 디야차
제주 사람은 감자떡	어야뒤야 어허
황해도 사람은 서슉떡	어야디야 어야디야
경상도 사람은 기정떡	어기야 디야차
전라도 사람은 무지떡	

▲ 배피떡(바람떡)

▲ 찬시리떡(찰시루떡)

▲ 기정떡(술떡)

▲ 대떡(가래떡)

 어휘
- **배피떡**: 소를 넣고 반달 모양으로 만든 떡.
- **기피고물**: 콩, 팥 등의 껍질을 벗기고 빻아서 만든 고물.
- **배를 무어**: 배를 지어.
- **칠을 박고**: 배의 판자를 이은 사이에 물막이를 하고.

사랑이

얘들아! <떡타령> 가사가 어때?

소망이

가사에 장소와 그 장소에서 쉽게 얻을 수 있는 재료를 연관 지은 점이 음악 시간에 배운 <떡 노래>와 비슷한 것 같아.

믿음이

떡으로 배를 만들어서 조청으로 된 강에 띄운다니 상상력이 대단한데? 특히 '어기야 디야차' 부분은 예전에 들어본 <뱃노래> 가사와 비슷하게 흥이 났어.

엉뚱이

가사에 ⬚⬚⬚⬚⬚⬚⬚⬚ 많이 나오네. 그 중에서 특히 감자떡과 기정떡은 꼭 한번 먹어 보고 싶어.

▲ 들녘 → 쑥

▲ 산 → 칡

▲ 바다 → 파래

1 이 글을 요약한 문장의 빈칸을 알맞게 채우세요.

종합력

보기

가사   라디오   떡타령   작곡가

사랑이가 ⬚⬚⬚ 에 소개된 민요 < ⬚⬚⬚ >을 듣고

⬚⬚⬚ 를 찾아 공유하자 친구들이 보인 반응.

2 ⬚ 안에 들어갈 내용으로 알맞은 것에 O표 하세요.

이해력

❶ <떡 노래>에서 반복되는 가사는

떡 떡떼기야 ┆ 어기야 디야차 ┆ 어야디야 어야디야 예요.

❷ <떡타령>의 가사에는 강냉이떡 ┆ 고구마떡 ┆ 감자떡 이 등장해요.

3 이야기를 생각하며 빈칸에 들어갈 내용을 고르세요. (　　　)

추론능력

가사에 [　　　　　　　] 많이 나오네.
그중에서 특히 감자떡과 기정떡은
꼭 한번 먹어 보고 싶어.

① 못 먹어 본 떡이

② 절대로 먹고 싶지 않은 떡이

③ 우리 집에서 자주 먹던 떡이

4 〈떡 노래〉와 〈떡타령〉 가사를 비교한 것입니다. 운율이나 위치, 또는 내용이 비슷한 부분을
서로 연결하세요.

분석력

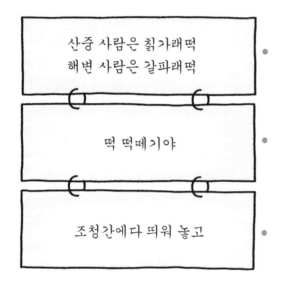

산중 사람은 칡가래떡
해변 사람은 갈파래떡

떡 떡떼기야

조청간에다 띄워 놓고

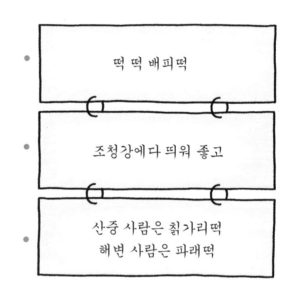

떡 떡 배피떡

조청강에다 띄워 좋고

산중 사람은 칡가리떡
해변 사람은 파래떡

5 세 어린이가 〈떡타령〉 가사를 읽은 방법을 설명한 것입니다. 바르게 설명한 친구의 번호를
쓰세요. (　　　)

사고력

①
소망이는 해 보고 싶은 일을 떠올리며 읽었고,
믿음이는 배운 내용을 떠올리며 읽었고,
엉뚱이는 들어 본 것을 떠올리며 읽었어.

②
소망이는 알던 내용과 비교하며 읽었고,
믿음이는 들어 본 것을 떠올리며 읽었고,
엉뚱이는 해 보고 싶은 일을 떠올리며 읽었어.

6 이야기의 뼈대와 줄거리입니다. 빈칸에 들어갈 말을 골라 쓰세요.

내용 정리

보기   재료 뱃노래 민요 명절 떡타령 가사 공유 아리랑

음악 시간에 배운 떡 노래	얼마 전 사랑이는 음악 시간에 [ ]인 〈떡 노래〉를 배웠어요.

↓

라디오에 소개된 〈떡타령〉	그러다 [ ] 때 차 안에서 아버지가 트신 라디오 프로그램에서 〈 [ ] 〉이 소개되는 것을 듣게 되었어요.

↓

[ ]를 찾아 공유한 사랑이	사랑이는 방송국 누리집을 검색하여 가사를 찾아 친구들에게 [ ] 했어요.

↓

친구들의 반응	소망이는 장소와 [ ]를 관련 지은 점이 〈떡 노래〉와 비슷하다고 했고, 믿음이는 〈 [ ] 〉를 떠올렸고, 엉뚱이는 감자떡을 먹어 보고 싶다고 했지요.

7 파란색 글자인 '나다'를 사전에서 찾은 뜻입니다. 이 문장에 어울리는 뜻의 번호를 고르세요. (   )

어휘력

낱말	나다
문장	특히 '어기야 디야차' 부분은 예전에 들어본 〈뱃노래〉 가사와 비슷하게 흥이 났어.
뜻	「동사」 ① 신체 표면이나 땅 위로 무엇인가 솟아나다. ② 홍수, 장마 따위의 자연재해가 일어나다. ③ 흥미, 짜증, 용기 따위의 감정이 일어나다.

폐플라스틱 수입을 줄이려면?

🔊》 다음 글을 소리 내어 읽어 보세요.

정부 통계에 따르면 폐플라스틱 수입량이 2016년부터 2019년까지 5배가 넘게 증가했다. 참고로 폐플라스틱은 재생섬유의 원료로 사용된다. 1인당 연간 플라스틱 소비량이 최상위에 해당하는 우리나라에 폐플라스틱 양이 부족한 이유는 무엇일까?

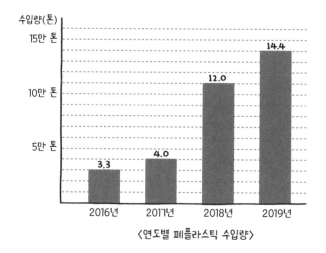

〈연도별 폐플라스틱 수입량〉

먼저 폐플라스틱에서 큰 비중을 차지하는 페트병의 재활용 과정을 알아보자. 재활용 업체는 쓰레기로 배출된 페트병 중 무색이며 이물질이 적은 것만 선별한다. 이를 작은 입자로 분쇄하고 세척한 뒤 고온에 녹여 알갱이(펠릿)로 굳힌다. 그리고 이 덩어리에서 실을 뽑아 원단을 만들고, 이 원단으로 옷과 가방을 만든다. 이런 식으로 500mL 투명 페트병 12개면 티셔츠 하나를 만들 수 있다.

그러면 우리나라는 왜 폐플라스틱이 부족할까? 한 재활용 업체 김절약 과장(45세)은 "재생되는 페트병은 무색이고 투명하며 이물질이 없는 것이에요. 그런데 투명 페트병을 씻지도 않은 채 유색 페트병과 뒤죽박죽 섞어 버려서 재활용 비율이 10%밖에 안 돼요."라며 그 이유를 설명했다. 즉, 폐플라스틱 수입량 급증은 (　　　　　　　　　) 벌어진 일이다. 반면, 일본은 1992년부터 라벨을 제거하지 않은 페트병은 수거하지 않는 정책을 폈다. 그 결과, 2014년 기준으로 투명 페트병 재활용 비율이 98%나 된다. 참

어휘
- **분쇄:** 단단한 물체를 가루처럼 잘게 부스러뜨림.
- **수거:** 거두어 감.
- **일석이조:** 돌 한 개를 던져 새 두 마리를 잡는다는 뜻으로, 동시에 두 가지 이득을 봄을 이르는 말.

고로 우리나라가 수입한 폐플라스틱 중 일본산이 절반을 넘는다고 한다.

다행히 우리나라도 투명 페트병 분리배출 의무화를 시작했다. 공동 주택부터 시범적으로 실행했고, 이제 단독주택까지 확대되었다. 오래 전부터 투명 페트병 분리배출을 실시하고 있다는 이모범 씨(21세)는 "투명 페트병 분리배출 방법은 1분도 안 걸릴 만큼 간단해요. 안을 깨끗이 헹구고, 라벨을 뗀 뒤에 찌그러뜨리고 뚜껑을 닫아 배출하면 돼요. 작은 노력으로 환경도 살리고 쓰레기 수입량도 줄인다면 일석이조이네요."라고 말했다. 참고로 정부는 2023년부터 폐플라스틱 수입 금지를 추진하려고 한다. 이제 투명 페트병 분리배출에 모든 국민이 적극적으로 협조해야 할 때이다.

---

1 이 글을 요약한 문장의 빈칸을 알맞게 채우세요.

종합력

보기

협조　분리배출　방해　투명

| | 페트병 | | 에 모든 국민이 적극적으로 | | 해야 한다. |

2 　　　 안에 들어갈 내용으로 알맞은 것에 O표 하세요.

이해력

❶ 폐플라스틱은 | 재생섬유 | 재생에너지 | 재생휴지 | 원료로 사용된다.

❷ 의무화된 분리배출 방법에 따르면 투명 페트병은 안을 깨끗이 헹군 후 | 예쁜 무늬를 그린 뒤 | 라벨을 뗀 뒤 | 안을 가득 채운 뒤 | 찌그러뜨려 뚜껑을 닫아 배출해야 한다.

3 이야기를 생각하며 빈칸에 들어갈 내용을 고르세요. (   )

추론 능력

즉, 폐플라스틱 수입량 급증은

벌어진 일이다.

① 플라스틱 소비량이 늘어난 탓에

② 재생섬유의 인기가 높아진 탓에

③ 분리배출을 올바르게 하지 않은 탓에

4 내용을 제대로 분석하지 <u>못한</u> 어린이의 이름을 쓰세요. (   )

분석력

이해를 돕기 위해
폐페트병 재활용 과정을
두 번째 문단에서
자세히 설명했어.

준서

폐플라스틱 부족 이유를
설명하는 근거로
세 번째 문단에서 재활용
업체 관계자의 말을 실었어.

지후

자신의 의견을
강조하기 위해
네 번째 문단에서
전문가들의 의견을 실었어.

수아

5 글쓴이가 글을 쓰기 위해 모았던 자료입니다. 이 자료가 반영된 문장을 고르세요. (   )

사고력

주요 국가별 1인당 연간 플라스틱 소비량 (단위:kg)

한국　　98.9
캐나다　98.6
사우디　86.8

멕시코　32.9
브라질　27.8
인도　　9.3

① 1인당 연간 플라스틱 소비량이 최상위에 해당하는 우리나라에 폐플라스틱 양이
부족한 이유는 무엇일까?

② 이런 식으로 500mL 투명 페트병 12개면 티셔츠 하나를 만들 수 있다.

③ 참고로 우리나라가 수입한 폐플라스틱 중 일본산이 절반을 넘는다고 한다.

6 이야기의 뼈대와 줄거리입니다. 빈칸에 들어갈 말을 골라 쓰세요.

내용 정리

보기 일본 수입량 재생 의무화 무색 이물질 분리배출 권리

| 폐플라스틱 [ ] 증가 | 최근 [ ] 섬유 원료인 폐플라스틱의 수입량이 5배가 넘게 증가했다. 1인당 연간 플라스틱 소비량이 최상위인 우리나라에 폐플라스틱이 부족한 이유는 무엇일까? |

↓

| 페트병의 재활용 과정 | 폐플라스틱에서 큰 비중을 차지하는 폐페트병 중에서 [ ]이며 [ ]이 적은 것만 선별되어 재생섬유로 재활용된다. |

↓

| 폐플라스틱 부족의 이유 | 그동안 제대로 된 [ ]을 하지 못한 탓에 페트병 재활용 비율이 낮아 결국 [ ] 등에서 수입할 수밖에 없었던 것이다. |

↓

| 투명 페트병 분리 배출 협조 강조 | 다행히 우리나라도 투명 페트병 분리배출 [ ]를 시작했으니, 이제 모든 국민이 투명 페트병 분리배출에 적극 협조해야 한다. |

7 파란색 글자인 '줄이다'를 사전에서 찾은 뜻입니다. 이 문장에 어울리는 뜻의 번호를 고르세요. (   )

어휘력

낱말	줄이다
문장	작은 노력으로 환경도 살리고 쓰레기 수입량도 줄인다면 일석이조이네요.
뜻	「동사」 ① 수나 분량을 처음보다 적게 하다. ② 살림의 규모를 처음보다 작게 하다. ③ 시간이나 기간을 짧아지게 하다.

신라인의 주사위, 주령구 만들기

🔊 다음 사랑이의 일기를 소리 내어 읽어 보세요.

| 20△△년 △월 △일 | 날씨: 구름이 가득함 |

신라인의 주사위, 주령구 만들기

오늘 지난번 경주 여행에서 얻은 도안으로 주령구를 만들었다. 주령구는 경주 안압지에서 출토된 유물이다. ⬚⬚⬚⬚⬚⬚⬚⬚⬚⬚ 나무로 만들어진 각 면에 새겨진 글씨를 판독한 결과, 신라인이 술자리에서 벌칙을 내릴 때 썼다는 것을 알게 되었다. 그래서 '술과 관련된 명령을 내리는 도구'라는 뜻의 '주령구(酒令具)'라는 이름이 붙었다고 한다. 안타깝게도 원본은 발굴 후 습기 제거 작업을 하는 도중 불에 탔다. 현재 전시된 것은 처음 발굴할 때 찍어 둔 사진 자료를 바탕으로 만든 복제품이다.

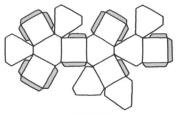

▲주령구 도안

▲완성된 주령구

주령구는 사각형 면 6개, 육각형 면 8개로 되어 있다. 사각형은 가로, 세로 각각 2.5cm인 정사각형이다. 육각형은 긴 변이 2.5cm, 짧은 변이 0.8cm인데 마치 두 사다리꼴이 붙어 있는 듯 보인다. 나는 오늘 배운 수학 공식으로 넓이를 구해 보았다. 정사각형의 넓이는 **(한 변의 길이) × (한 변의 길이)**로 구한다. 육각형 넓이는 사다리꼴 두 개의 합으로 구했다. 사다리꼴 넓이는 **(윗변의 길이+아랫변의 길이)×(높이)÷2**로 구한다. 그 결과 정사각형과 육각형의 넓이는 거의 비슷했다.

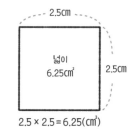

2.5cm

넓이
6.25cm²

2.5cm

2.5 × 2.5 = 6.25 (cm²)

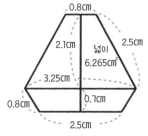

0.8cm

2.1cm 넓이
6.265cm² 2.5cm

3.25cm

0.8cm 0.7cm

2.5cm

(0.8 + 3.25) × 2.1 ÷ 2
+ (3.25 + 2.5) × 0.7 ÷ 2 = 6.265 (cm²)

어휘
● **판독:** 어려운 문장이나 암호, 고문서 따위를 뜻을 헤아리며 읽음.
● **복제품:** 본디의 것과 똑같이 본떠 만든 물품.
● **익살스럽다:** 우습다, 재밌다, 짓궂다.

나는 주령구에 적혀 있던 벌칙이 무엇인지 궁금해서 인터넷 검색을 해 보았다. 찾아본 벌칙 문구들은 매우 익살스럽고 창의적이었다. 가장 기억에 남는 다섯 가지만 적어 보면 아래와 같다.

소리 없이 춤추기.
여러 사람 코 두드리기.
얼굴 간지럽혀도 꼼짝 않기.
팔을 뒤로 구부리고 술 다 마시기.
누구에게나 마음대로 노래시키기.

나도 내가 만든 주령구에 나만의 벌칙을 적었다. 물 갖다 주기, 엉덩이 춤 추기, 한 발 들고 1분 서 있기 등이다. 그런데 엄마가 다가오시더니 설거지, 분리수거, 빨래 개기 등도 벌칙에 넣은 뒤, 주령구를 던져 집안일을 나누자고 하셨다. 그 말을 들은 아빠는 갑자기 볼일 좀 보겠다며 화장실로 피하셨다.

1 이 글을 요약한 문장의 빈칸을 알맞게 채우세요.
종합력

보기

주령구   벌칙   신라인   주사위

☐의 주사위인 ☐의 특징과 사랑이가 만든

주령구에 적은 ☐에 대한 가족의 반응.

2 ☐ 안에 들어갈 내용으로 알맞은 것에 O표 하세요.
이해력

❶ 현재 전시되어 있는 주령구는 ┃ 진품 ┃ 완성품 ┃ 복제품 ┃ 이다.

❷ 주령구는 사각형 면 6개, ┃ 오각형 ┃ 육각형 ┃ 칠각형 ┃ 면 8개로 되어 있다.

3 이야기를 생각하며 빈칸에 들어갈 내용을 고르세요. (　　　)

추론 능력

> 나무로 만들어진 각 면에
> 새겨진 글씨를 판독한 결과,
> 신라인이 술자리에서 벌칙을 내릴 때
> 썼다는 것을 알게 되었다.

① 처음에는 용도를 몰랐지만

② 설마 하는 마음에

③ 생긴 모습만 보고

4 두 번째 문단에서 사랑이가 수학적 결론을 얻는 과정을 표현한 것입니다. 빈칸에 들어갈
내용을 쓰세요.

분석력

	정사각형의 넓이	정육각형의 넓이
활용한 공식	(한 변의 길이) × (한 변의 길이)	(윗변의 길이 + 아랫변의 길이) × (☐ ☐) ÷2
계산식과 결과	☐ × ☐ = 6.25	(0.8+3.25) × 2.1 ÷ 2 + (3.25+2.5) × 0.7 ÷ 2 = 6.265
결론	정사각형과 육각형의 ☐ ☐ 는 거의 비슷하다.	

5 이 글의 성격을 잘 이해하지 <u>못한</u> 어린이의 이름을 쓰세요. (　　　　　)

사고력

> 글머리에 글감에 대한
> 배경 지식을 소개해서
> 읽는 사람의 이해를
> 돕고 있어.

준서

> 두 번째 문단에서
> 자신의 수학적
> 지식을 활용한 경험을
> 자세히 풀어내고 있어.

지후

> 속담으로 이야기를
> 마무리하고 있어서
> 읽는 사람에게 교훈을
> 주고 있어.

주희

6 이야기의 뼈대와 줄거리입니다. 빈칸에 들어갈 말을 골라 쓰세요.

내용 정리

보기   벌칙   화장실   설거지   창의적인   안방   주령구   안압지   넓이

| 소개 | 주령구는 경주 [   ]에서 출토된 신라인의 주사위로 '술과 관련된 명령을 내리는 도구'이며, 지금은 복제품이 전시되어 있다. |

⬇

| 사각형 면과 육각형·면의 넓이 비교 | 주령구는 사각형 면 6개, 육각형 면 8개로 되어 있는데, 정사각형과 육각형의 [   ]는 거의 비슷하다. |

⬇

| 주령구에 적혀 있던 벌칙 | 검색을 해 보니 주령구에 적혀 있던 [   ]은 소리 없이 춤추기, 여러 사람 코 두드리기 등 익살스럽고 [   ] 문구였다. |

⬇

| 나만의 벌칙과 가족의 반응 | 나도 나만의 벌칙을 적었는데 엄마는 [   ] 등 집안일에 대한 벌칙도 넣어 집안일을 나누자고 하셨고, 그 말을 들은 아빠는 볼일 좀 보겠다며 [   ]로 피하셨다. |

7 파란색 글자인 '볼일'를 사전에서 찾은 뜻입니다. 이 문장에 어울리는 뜻의 번호를 고르세요. (   )

어휘력

낱말	볼일
문장	그 말을 들은 아빠는 갑자기 볼일 좀 보겠다며 화장실로 피하셨다.
뜻	「명사」 ① 해야 할 일 ② '용변'을 완곡하게 이르는 말

18 말똥지기는 누구일까?

🔊 다음 글을 소리 내어 읽어 보세요.

　연날리기는 종이에 대쪽을 붙인 연에 실을 매어 공중에 높이 띄우는 민속놀이예요. 연싸움은 서로의 연실을 마주 걸어 상대편의 연실을 끊어 버리는 놀이지요. 우리 조상은 주로 정월 초하루부터 대보름까지 연날리기와 연싸움을 했어요. 연날리기 및 연싸움과 관련된 재미있는 우리말이 많이 있어요. 그중에서 몇 가지를 살펴보아요.

　먼저 어감이 재미있는 말 몇 가지를 알아보아요. '말똥지기' 하면 어떤 것이 떠오르나요? '말똥을 지키는 사람'인 것 같지만, 연을 띄울 때 연이 잘 올라갈 수 있도록 연을 잡고 있다가 놓는 사람을 가리키는 말이랍니다. '별박이'는 높이 오르거나 멀리 날아가서 아주 조그맣게 보이는 연을 일컬어요. '얼렁질'은 연을 날리다가 남은 실을 가지고 실 끝에 조약돌을 매어 서로 건 후에 당겨서 　　　　　　　　　　를 내기하는 장난을 말해요.

말똥지기

　다음으로 연날리기 기술과 관련된 말도 알아보아요. 우리는 흔히 '꼬드기다'는 말을 '남의 마음을 부추겨 움직이게 하다.'라는 뜻으로 사용해요. 그런데 원래 이 말은 연날리기 기술을 가리키는 말이었어요. 연을 날릴 때 연이 높이 올라가도록 연줄을 잡아 뒤로 젖힌다는 뜻이었지요. '그루박다'는 '연의 머리를 아래쪽으로 가게 하여 땅으로 내려가

 어휘
- **대쪽:** 대나무를 길고 좁게 쪼갠 막대.
- **정월 초하루:** 음력으로 매년 첫째 달의 첫째 날.
- **얼레:** 연에 매단 실을 감은 도구.

게 하다.'라는 뜻의 말이에요.

마지막으로 연싸움과 관련된 말도 알아보아요. 상대방의 연을 끊기 위해 연을 서로 얽히게 하는 것을 '얼리다'라고 해요. 얽힌 연줄을 풀기 위해 얼레를 이리저리 넘기는 것은 '살줄치다'라고 하고요. 얼레 머리를 연 쪽으로 내밀어 줄이 계속 풀려나가게 하는 것은 '통줄 주다'라고 해요. 돌멩이를 맨 실로 상대의 연줄을 걸어서 당기며 빼앗는 것은 '뺑줄 치다'라고 하지요. 앞으로 연날리기나 연싸움을 할 때 재미있는 우리말을 사용해 보면 어떨까요?

▲ 얼레

---

1 종합력 이 글을 요약한 문장의 빈칸을 알맞게 채우세요.

보기

우리말 외국말 연싸움 민속

☐ 놀이인 연날리기 및 ☐ 과 관련된 재미있는 ☐ 살펴보기.

2 이해력 ☐ 안에 들어갈 내용으로 알맞은 것에 O표 하세요.

❶ 연이 잘 올라갈 수 있도록 연을 잡고 있다가 놓는 사람을

| 말똥지기 | 개똥지기 | 소똥지기 | 라고 해요.

❷ '| 빵줄 치다 | 뻥줄 치다 | 뺑줄 치다 |'는 돌멩이를 맨 실로 상대의 연줄을 걸어서 당기며 빼앗는 것을 가리키는 말이에요.

3 이야기를 생각하며 빈칸에 들어갈 내용을 고르세요. (　　　)

추론능력

'얼렁질'은 연을 날리다가 남은 실을
가지고 실 끝에 조약돌을 매어
서로 건 후에 당겨서

[　　　　　　　　　]를

내기하는 장난을 말해요.

① 어느 연이 더 큰가

② 어느 실이 더 긴가

③ 어느 실이 더 질긴가

4 이 글에 나온 낱말을 잘 정리한 친구의 번호를 쓰세요. (　　　)

분석력

①

어감이 재미있는 낱말
말뚱지기, 별박이, 얼렁질

연날리기 기술과 관련된 낱말
꼬드기다, 그루박다

연싸움과 관련된 낱말
얼리다, 살줄치다, 통줄 주다, 뺑줄 치다

②

어감이 재미있는 낱말
말뚱지기, 별박이, 얼렁질

연싸움과 관련된 낱말
꼬드기다, 그루박다

연날리기 기술과 관련된 낱말
얼리다, 살줄치다, 통줄 주다, 뺑줄 치다

5 내용 전체를 생각할 때 제목에 대해 가장 적절한 의견을 말한 어린이의 이름을 쓰세요.

사고력

(　　　　　)

호기심을 불러일으키지만
내용 전체 중에
일부분하고만 관련되어
있어서 아쉬워.

사랑이

잘못 사용하고 있는
외국말을 알려주는
것이기 때문에
아주 적합해.

지후

줄임말 사용의
문제점을 지적하는
제목이어서
교훈적이야.

수아

6 이야기의 뼈대와 줄거리입니다. 빈칸에 들어갈 말을 골라 쓰세요.

내용 정리

보기 얼레 그루박다 글감 연날리기 꼬드기다 말똥지기 별박이 물레

┌───┐
│ [   ]의 소개 │ 민속놀이인 [   ]와 연싸움과 관련된 재미있는 우리말을 살펴보아요. │
└───┘
↓
┌───┐
│ 어감이 재미있는 말 │ 어감이 재미있는 낱말로 연이 잘 올라갈 수 있게 연을 붙잡는 [   ], 멀리 조그맣게 보이는 [   ], 연 날리고 남은 실로 하는 놀이인 얼렁질 등이 있어요. │
└───┘
↓
┌───┐
│ 연날리기 기술과 관련된 말 │ 연날리기 기술과 관련된 말로는 연줄을 뒤로 잡아 젖힌다는 '[   ]', 연의 머리를 땅으로 내려가게 한다는 '[   ]' 등이 있어요. │
└───┘
↓
┌───┐
│ 연싸움과 관련된 말 │ 연싸움과 관련된 낱말로 '얼리다', 얽힌 연줄을 풀려고 [   ]를 이리저리 넘긴다는 '살줄치다', '통줄 주다', '뺑줄 치다'도 있어요. │
└───┘

7 파란색 글자인 '내밀다'를 사전에서 찾은 뜻입니다. 이 문장에 어울리는 뜻의 번호를 고르세요. (   )

어휘력

낱말	내밀다
문장	얼레 머리를 연 쪽으로 내밀어 줄이 계속 풀려나가게 하는 것은 '통줄 주다'라고 해요.
뜻	「동사」 ① 신체나 물체의 일부분이 어떤 쪽으로 나가게 하다. ② 돈이나 물건을 받으라고 내어 주다. ③ 주장이나 의견 따위를 계속 내세우다.

1 어울리는 내용끼리 알맞게 연결하세요.

노숙인 쉼터에 경찰이 로봇 경찰견을 투입한 것을 두고	장소와 그 장소에서 얻을 수 있는 재료를 연관 지었다.
경주는 사촌 언니와 경주에 가서	투명 페트병 분리배출을 제대로 해야 한다.
〈떡 노래〉와 〈떡타령〉은 가사에서	문제가 없다고 보는 입장과 적절하지 않다는 입장이 충돌하고 있다.
폐플라스틱 수입을 줄이려면	연이 잘 올라갈 수 있도록 연을 잡고 있다가 놓는 사람을 일컫는다.
안압지에서 출토된 주령구는	무열왕릉, 대릉원, 분황사, 불국사, 석굴암 등을 여행했다.
'말똥지기'는 연날리기에서	'술과 관련된 명령을 내리는 도구'이다.

2 〈보기〉의 말을 낱말 판에서 찾아 묶어 보세요.

> 보기 복제품 투입 잠재적 분쇄 일석이조 얼레

류	얼	히	잠	재	적	뷔	맞
천	레	채	퍼	않	곤	끊	퍼
했	원	쿠	튜	츄	투	컬	복
분	쇄	히	빼	화	입	뷔	제
됴	있	네	련	제	째	슈	품
일	석	이	조	멩	많	뷰	떵

교과 사회

사회는 사회 현상을 올바르게 이해하고 사회인으로 성장하는 데 꼭 필요한 교양과 태도를 기르는 과목이에요. 지리, 역사, 경제 및 문화에 대한 지식을 배우지요. 그래서 넷째 마당에는 여러분이 사회 과목을 공부하는 데 직접적으로 도움이 되는 글감을 담았어요. 글감은 사회 단원의 순서에 맞추어 구성했으니 사회 과목을 예습하거나 복습하는 데에도 도움이 되고, 중학교 사회 교과서와 연관성이 높은 내용으로 선정했으니 중학교 입학 준비에도 도움이 될 거예요. 넷째 마당을 통해 독해력도 쑥쑥 기르고 사회 지식도 차곡차곡 쌓아 보세요.

바람과 강수량이 집 모양을 결정한다고?

🔊 다음 글을 소리 내어 읽어 보세요.

사랑이는 사회 시간에 우리나라의 지역별 강수량에 대해 배웠어요. 우리나라는 대체로 여름에는 강수량이 많고 겨울에는 강수량이 적었지요. 그런데 울릉도의 강수량 그래프는 다른 지역과 모습이 조금 달랐어요. 눈이 많이 내리기 때문에 겨울에도 강수량이 많은 편이었어요.

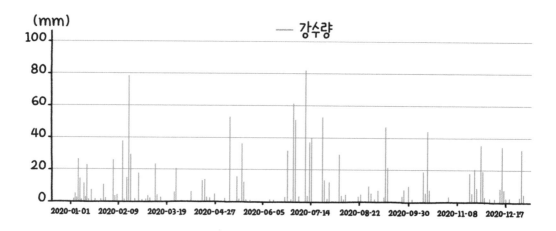

선생님께서는 울릉도의 기후가 울릉도 사람들의 삶에 어떤 영향을 미쳤는지 알아보자고 하셨어요. 이를 위해 두 사람이 짝이 되어 울릉도에 있는 전통 가옥의 구조를 조사하도록 하셨어요.

아래는 사랑이와 믿음이가 짝이 되어 울릉 나리 억새 투막집의 구조를 조사한 내용이요.

▲울릉 나리 억새 투막집

▶ 통나무를 우물 정(井)자로 쌓아 올려 벽체를 만들고 그 틈은 진흙으로 메웠다.

▶ 본채는 부엌, 큰방, 머릿방, 사랑방 순으로 일자형으로 배치되어 있다.

▶ 억새로 지붕을 올린 뒤 나무 막대기를 얹어 고정했다.

▶ 처마를 따라 안쪽에 여러 기둥을 세우고 갈대나 판자 등으로 외벽인 우데기를 한 바퀴 빙 둘렀다.

어휘

● **가옥**: 사람이 사는 집.
● **본채**: 여러 채로 된 집에서 중심이 되는 집.
● **우데기**: 집의 바깥쪽에 지붕의 처마 끝에서부터 땅에 닿는 부분까지 둘러치는 벽. 바람이나 눈비를 막기 위한 것.
● **보도**: 텔레비전, 신문, 인터넷 등의 매체에서 새로운 소식을 알림.

조사를 마친 사랑이와 믿음이는 투막집의 구조가 기후와 어떤 연관이 있는지 생각을 나누었어요.

▲투막집 지붕

▲눈이 많이 내리는 울릉도

사랑이

"제주도에 사시는 할머니께서 제주도는 섬이라서 바람이 심하다고 하신 적이 있어. 울릉도도 같은 섬이니 바람이 심할 거야. 그러니 지붕에 얹은 억새가 바람에 날아가지 않도록 나무 막대기를 얹어 고정한 것 같아."

믿음이

"뉴스에서 울릉도에 발이 푹푹 빠지고 사람 허리 높이까지 눈이 온 것을 보도하는 걸 본 적이 있어. 이렇게 눈이 많이 내리기 때문에 [들어갈 내용을 추측해 보세요.] 우데기를 둘렀을 거야."
→ 3번 추론 능력 문제

---

1 이 글을 요약한 문장의 빈칸을 알맞게 채우세요.

종합력

보기
빈칸을 채우면
낱말 중 1개가 남아요!

울릉도   강수량   투막집   기와집

겨울에도 [   ] 이 많은 [   ] 의 기후가 [   ]
구조에 미친 영향.

2 [   ] 안에 들어갈 내용으로 알맞은 것에 O표 하세요.

이해력

❶ 우리나라는 대체로 여름에는 강수량이 많고 [봄 | 가을 | 겨울] 에는 강수량이 적어요.

❷ 투막집 본채의 벽체는 [지푸라기 | 억새 | 통나무] 를 쌓아 올려 만들었어요.

3 이야기를 생각하며 빈칸에 들어갈 내용을 고르세요. (　　　)

추론 능력

> "이렇게 눈이 많이 내리기 때문에
>
> ⬚
>
> 우데기를 둘렀을 거야."

① 겨울에 불을 땔 때 땔감으로 쓰려고

② 겨울에 집 밖에서 눈싸움을 할 수 있도록

③ 겨울에 집 안에서 작업할 수 있도록

4 조사한 내용과 일치하는 평면도를 고르세요. (　　　)

분석력

①
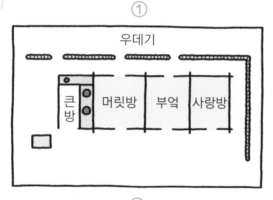

②
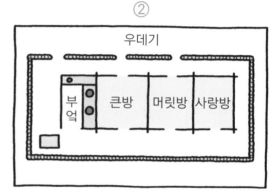

③
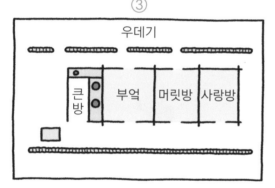

평면도란 건물의 방, 출입구 등의 배치를 나타내기 위하여 위에서 내려다본 그림이에요.

5 두 어린이의 대화를 알맞게 평가한 친구의 번호를 쓰세요. (　　　)

사고력

① 사랑이는 할머니의 이야기를 바탕으로 울릉도의 기후를 추측한 뒤, 투막집 지붕에 막대기를 얹은 이유를 생각했어.

② 믿음이는 책에서 본 울릉도 강수량에 대한 그래프를 바탕으로 투막집에 우데기를 두른 이유를 생각했어.

6 이야기의 뼈대와 줄거리입니다. 빈칸에 들어갈 말을 골라 쓰세요.

내용 정리

보기   사회 우데기 기후 구조 바람 눈 울릉도 온도

☐ 시간에 배운 내용	사랑이는 우리나라는 대체로 여름에는 강수량이 많고 겨울에는 강수량이 적지만, ☐ 는 눈이 많이 와서 겨울에도 강수량이 많은 편이라는 것을 배웠어요.

↓

선생님이 내 주신 과제	선생님께서는 울릉도의 ☐ 가 삶에 어떤 영향을 미쳤는지 알아보자고 하시며 두 사람이 짝이 되어 울릉도에 있는 전통 가옥의 구조를 조사하게 하셨어요.

↓

투막집의 ☐	사랑이와 믿음이는 울릉 나리 억새 투막집을 조사했는데, 투막집은 통나무를 쌓아 올린 일자형 본채 주위에 ☐ 를 두른 구조였어요.

↓

조사 내용에 대해 나눈 생각	조사를 마친 뒤, 사랑이는 억새 지붕에 나무 막대기를 얹어 고정한 이유를 ☐ 과 연관 지어 생각했고, 믿음이는 우데기를 두른 이유에 대해 ☐ 과 연관 지어 생각했어요.

7 이 글에 나오는 복합어를 찾아 쓰세요.

어휘력

☆ 통째의 뜻을 더해 주는 '통' + '나무' = ☐☐☐

☆ '사랑' + '방' = ☐☐☐

※ '연필 + 통 = 연필통'처럼 '뜻이 있는 두 낱말을 합한 낱말' 또는 '장난 + 꾸러기 = 장난꾸러기'처럼 '뜻이 있는 낱말과 뜻을 더해 주는 말을 합한 낱말'을 복합어라고 해요.

고려 시대에 재판을 세 번까지 했다고?

🔊) 다음 글을 소리 내어 읽어 보세요.

법원이 다루는 여러 재판 중에서 비중이 큰 두 가지는 민사 재판과 형사 재판이에요. 민사 재판은 개인 간에 발생하는 분쟁을 해결하는 재판이에요. 재판을 요청하는 쪽은 원고, 재판을 당하는 쪽은 피고라고 부릅니다. 형사 재판은 도둑이나 살인자, 강도처럼 사회 질서를 어지럽히는 범죄자에게 벌을 주는 재판이에요. 민사 재판과 달리 범죄자에게 형벌을 주고자 하는 검사가 원고이고, 범죄자가 피고인이 돼요. 재판장은 양쪽에서 제시한 증거 자료를 충분히 조사하여 판결을 내립니다.

그러면 한번 내려진 판결은 바꿀 수 없는 것일까요? 그렇지 않아요. 우리나라는 '삼심 제도'를 원칙으로 한답니다. 석 삼(三), 조사할 심(審), 제도 제(制), 법도 도(度) 즉, 한 사건에 대해 세 번까지 재판을 받을 수 있어요. 피고 또는 피고인은 지방법원, 고등법원, 대법원까지 등급이 다른 법원에서 재판받을 권리를 가집니다. 공정한 판결을 받을 권리를 보장하는 것이지요.

▲ 오늘날의 삼심 제도

▲ 고려의 삼복제

그런데 놀랍게도 무려 천 년 전인 고려 시대에도 이와 비슷한 제도가 있었다고 해요. 1047년 고려 문종 때 '사람의 목숨은 중요하므로 사형수는 세 번의 재판을 한 뒤에 처결해야 한다.'라는 상소가 올라온 기록이 있거든요. 아무리 사형수가 죽을죄를 지었다 하더라도 ⬚⬚⬚⬚⬚⬚⬚⬚⬚⬚ 판결은 여러 번 조사해서 신중하게 내려져야 한다는 것이지요. 1차 조사는 초복, 2차 조사는 재복, 3차 조사는 삼복이라고 불렀기에 이 제도를 '삼복제'라 일컬었어요. 다만 오늘날의 삼심 제도와 달리 삼복제는 사형에 관해서만 행해졌어요.

어휘
- **분쟁**: 시끄럽고 복잡하게 다툼.
- **재가**: 왕이 올라온 안건에 옥쇄를 찍어 결재하고 허가함.
- **상소**: 신하가 임금에게 올리던 글.
- **반포**: 세상에 널리 퍼뜨려 모두 알게 함.

조선 시대에도 삼복제의 정신은 그대로 이어졌지요. 1392년 신하들이 재판에서 삼복제가 제대로 시행되지 않음으로 반드시 시행할 것을 상언(上言)하니, 왕이 이를 재가했다는 내용이 《태조실록》에 기록되어 있어요. 또한, 우리나라 최초의 법전으로 여겨지는 1397년에 반포된 《경제육전(經濟六典)》에는 삼복제가 입법화되어 널리 알려지게 되었지요.

이후 조선 시대 통치의 기준이 된 최고의 법전인 《경국대전》에서도 《경제육전》의 정신을 이어받아 삼복제는 법문화되었어요. 이렇게 삼복제는 우리 조상들이 생명을 소중히 여기고 인권을 보호하고자 노력했음을 의미한답니다.

▲《경국대전》

---

1 이 글을 요약한 문장의 빈칸을 알맞게 채우세요.

종합력

보기

정신   삼심 제도   고려 시대   양심

현재 시행되고 있는 [　　　]와 비슷한 [　　　]의 삼복제 그리고

조선 시대에도 이어진 삼복제 [　　　]과 그 의미.

2 [　　　] 안에 들어갈 내용으로 알맞은 것에 O표 하세요.

이해력

❶ [민사 | 형사 | 경찰] 재판은 개인 간에 발생하는 분쟁을 해결하는 재판이에요.

❷ 고려 시대 삼복제에서 1차 조사는 초복, 2차 조사는 재복, 3차 조사는

[삼복 | 사복 | 오복] 이라고 불렀어요.

3 이야기를 생각하며 빈칸에 들어갈 내용을 고르세요. (   )

추론 능력

> 아무리 사형수가 죽을죄를
> 지었다 하더라도
>
> [   ]
>
> 판결은 여러 번 조사해서
> 신중하게 내려져야 한다는 것이지요.

① 억울한 죽음을 당하지 않도록

② 피해자에게 사과하도록

③ 지은 죄를 덮어 주고자

4 본문에 나오는 밑줄 친 부분을 참고할 때 이야기의 원고가 누구이고, 피고가 누구인지 쓰세요.

분석력

> 재판을 요청하는 쪽은 **원고**, 재판을 당하는 쪽은 **피고**라고 부릅니다.

'나부자' 씨는 '전가난' 씨에게 10만 원을 빌려주었어요. '전가난' 씨는 한 달 뒤에 갚겠다고 약속했지만, 약속을 지키지 못했어요. 이에 '나부자' 씨는 '전가난' 씨 집을 찾아가 행패를 부렸지요. 그러자 '전가난' 씨는 '나부자' 씨의 행패를 고소하며 법원에 재판을 요청했어요.

원고 = [   ]   피고 = [   ]

5 문장과 문장의 관계를 제대로 설명한 어린이의 이름을 쓰세요. (   )

사고력

> ㉠ 조선 시대에도 삼복제의 정신은 그대로 이어졌지요. ㉡ 1392년 신하들이 재판에서 삼복제가 제대로 시행되지 않음으로 반드시 시행할 것을 상언(上言)하니, 왕이 이를 재가했다는 내용이 《태조실록》에 기록되어 있어요. ㉢ 또한, 우리나라 최초의 법전으로 여겨지는 1397년에 반포된 《경제육전(經濟六典)》에는 삼복제가 입법화되어 널리 알려지게 되었지요. ㉣ 이후 조선 시대 통치의 기준이 된 최고의 법전인 《경국대전》에서도 《경제육전》의 정신을 이어받아 삼복제는 법문화되었어요.

㉡ 문장은 나머지 문장들과
반대되는 내용이야.

주희

㉣ 문장은 이 문단의
결론을 담은 문장이야.

지후

나머지 문장은 ㉠ 문장에
대한 근거 역할을 해.

수아

6 이야기의 뼈대와 줄거리입니다. 빈칸에 들어갈 말을 골라 쓰세요.

내용정리

보기   법전   인권   삼복제   사형수   대법원   참정권   판결   종류

| 재판의 [   ]와 과정 | 비중이 큰 재판으로 민사 재판과 형사 재판이 있는데, 재판장은 증거 자료를 충분히 조사하여 [   ]을 내려요. |

⬇

| 우리나라의 삼심 제도 | 우리나라에서는 한 사건에 지방법원, 고등법원, [   ]까지 세 번 재판을 받을 수 있는 '삼심 제도'를 원칙으로 해요. |

⬇

| 고려 시대의 [   ] | 고려 시대에도 이와 비슷한 제도가 있었어요. [   ]의 억울한 죽음을 막기 위해 세 번의 조사를 하도록 하는 '삼복제'이지요. |

⬇

| 조선 시대에도 전해진 삼복제 정신과 의미 | 삼복제의 정신은 그대로 이어져 조선 시대 최고의 [   ]인 《경국대전》에 법문화되었어요. 삼복제는 생명과 [   ]을 보호하고자 했던 조상들의 노력을 보여 준답니다. |

7 이 글에 나오는 복합어를 찾아 쓰세요.

어휘력

☆ '범죄' + 사람의 뜻을 더하는 접미사 '자' = [ ][ ][ ]

☆ '사형' + 죄수의 뜻을 더하는 접미사 '수' = [ ][ ][ ]

바빠 독해 21 드레스 시위라고?

🔊 다음 글을 소리 내어 읽어 보세요.

사랑이

아프가니스탄 여성들이 '드레스 시위'에 나섰다는 소식 들었어?

믿음이

'드레스 시위'가 뭔데?

▲화려한 전통 의상을 입은 아프가니스탄 여성들

사랑이

아프가니스탄 정부가 여성들에게 '니캅'과 '아바야' 착용을 강요했어. 그러자 전 세계에 사는 아프가니스탄 여성들이 ⬚⬚⬚⬚⬚⬚⬚⬚⬚⬚ '이것이 아프가니스탄 전통문화다.'라고 반발하며 자신의 사진을 누리소통망에 올리며 자기 생각을 공개적으로 표현하는 거야.

소망이

니캅? 아! 눈을 제외하고 온몸을 가리는 검은색 복장을 말하는 거구나? 아바야는 얼굴만 드러내고 목부터 발끝까지 가리는 검은색 통옷이고.

▲니캅

믿음이

아니, 지금이 어느 시대인데 정부가 여성에게 특정 옷차림을 강요하는 거야? 개인이 좋아서 선택한다면 모를까. 믿기 힘든데?

소망이

요르단의 공주가 자신이 원했던 비행기 조종사가 되었다는 기사를 본 기억이 나. 요르단도 같은 이슬람 국가이지만 여성의 자유를 제한하지 않는 것 같던데 의아하다.

▲아바야

믿음이

약 20년 전 이슬람 세력인 탈레반이 아프가니스탄을 통치할 때 여성이 교육도 못 받고, 직업도 마음대로 정하지 못하고, 남성 없이 외출도 할 수 없었다고 들었는데 안타깝게도 그런 일이 또 벌어졌구나!

어휘

- **착용:** 의복, 모자, 신발, 장신구 등을 입거나, 쓰거나, 신거나 차거나 함.
- **정권:** 한 나라의 정치를 담당하는 권력.

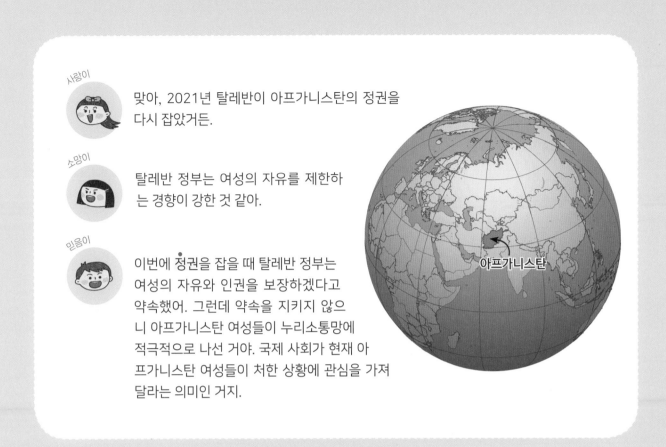

사랑이

맞아, 2021년 탈레반이 아프가니스탄의 정권을
다시 잡았거든.

소망이

탈레반 정부는 여성의 자유를 제한하
는 경향이 강한 것 같아.

믿음이

이번에 정권을 잡을 때 탈레반 정부는
여성의 자유와 인권을 보장하겠다고
약속했어. 그런데 약속을 지키지 않으
니 아프가니스탄 여성들이 누리소통망에
적극적으로 나선 거야. 국제 사회가 현재 아
프가니스탄 여성들이 처한 상황에 관심을 가져
달라는 의미인 거지.

아프가니스탄

1 이 글을 요약한 문장의 빈칸을 알맞게 채우세요.
종합력

보기

상황   드레스   관심   옷차림

아프가니스탄 여성들이 [   ] 시위를 한 까닭과 국제 사회의 [   ] 이

필요한 아프가니스탄 여성들의 [   ].

2 [   ] 안에 들어갈 내용으로 알맞은 것에 O표 하세요.
이해력

❶ 니캅은 [눈 | 코 | 발] 을 제외하고 온몸을 가리는 검은색 복장을 말해요.

❷ 얼마 전 아프가니스탄은 [요르단 | 탈레반 | 수단] 이 정권을 다시 잡았어요.

3 이야기를 생각하며 빈칸에 들어갈 내용을 고르세요. (　　　)

추론 능력

전 세계에 사는 아프가니스탄 여성들이

　　　　　　　　　　

'이것이 아프가니스탄 전통문화다.'라고 반발하며 자신의 사진을 누리소통망에 올리며 자기 생각을 공개적으로 표현하는 거야.

① 화려한 전통 의상을 입고
② 얼굴만 드러낸 옷을 입고
③ 아름다운 요즘 옷을 입고

4 먼저 일어난 일부터 순서대로 (　　　) 안에 번호를 쓰세요.

분석력

(　　　) 전 세계의 아프가니스탄 여성들이 드레스 시위를 했다.

(　　　) 20여 년 만에 탈레반이 아프가니스탄 정권을 잡았다.

(　　　) 아프가니스탄 정부가 여성에게 니캅과 아바야를 착용하도록 강요했다.

5 친구들이 말한 근거와 의견을 알맞게 연결하세요.

사고력

근거

탈레반 정부가 여성의 특정 옷차림을 강요했다.

같은 이슬람 국가인 요르단의 공주는 원하던 직업을 갖게 되었다.

의견

모든 이슬람 국가가 여성의 자유를 제한하는 것은 아니다.

탈레반 정부는 여성의 자유를 제한하려는 경향이 강하다.

6 이야기의 뼈대와 줄거리입니다. 빈칸에 들어갈 말을 골라 쓰세요.

내용 정리

보기 탈레반 시위 자유 강요 공주 드레스 아바야 시작

☐ 시위 소식	사랑이는 탈레반 정부가 여성에게 '니캅'과 '☐' 착용을 강요한 것에 대한 반발로 전 세계 아프가니스탄 여성들이 전통 의상을 입은 사진을 올리며 시위를 하고 있다는 소식을 전했어요.

⬇

아프가니스탄과 요르단의 비교되는 모습	믿음이는 정부가 여성에게 특정 옷차림을 ☐ 하는 것은 시대에 맞지 않는다고 했고, 소망이는 비행기 조종사가 된 요르단 ☐ 를 언급하며 의아해했어요.

⬇

☐의 특징	믿음이는 약 20여 년 전 아프가니스탄 여성들이 겪었던 일이 또 벌어졌다며 안타까워했고, 소망이는 탈레반이 여성의 ☐ 를 제한하는 경향이 강한 것 같다고 했어요.

⬇

드레스 시위에 담긴 의미	사랑이는 드레스 ☐ 는 아프가니스탄 여성이 처한 상황에 국제 사회가 관심을 가져달라는 의미가 담겨 있다고 말했어요.

7 이 글에 나오는 복합어를 찾아 쓰세요.

어휘력

☆ '소통' + 그물처럼 얽힌 조직을 뜻하는 '망' = ☐☐☐

☆ '옷' + 꾸미거나 차린 상태를 뜻하는 '차림' = ☐☐☐

재판을 받은 코끼리가 있다고?

🔊 다음 글을 소리 내어 읽어 보세요.

우리 조상이 코끼리의 존재를 안 것은 꽤 오래전이에요. 국보 287호 백제금동대향로에는 다양한 동물들과 아름다운 경치가 함께 표현되어 있는데, 그중에 코끼리도 등장해요. 그러니 적어도 백제 시대에는 코끼리의 존재를 알았다고 추측할 수 있지요. 그렇다면 코끼리가 최초로 우리 땅을 밟은 것은 언제일까요? 기록에 따르면 조선 시대랍니다. 코끼리가 조선에 어떻게 오게 되었는지 그리고 어떤 삶을 살았는지 알아보아요.

▲ 백제금동대향로

1408년 인도네시아 국왕은 일본의 쇼군 아시카가 요시미쓰에게 외교 선물로 코끼리를 보냈어요. 쇼군은 당시 일본을 통치한 우두머리를 부르는 말이에요. 아시카가 요시미쓰의 뒤를 이어 쇼군이 된 아시카가 요시모치는 코끼리를 조선에 선물해요. 이렇게 해서 1411년 조선에 코끼리가 들어오게 되었어요. 그런데 이 코끼리가 대형 사고를 치고 재판을 받게 됩니다. 과연 어떤 일이었을까요?

태종은 목장과 동물을 담당하던 사복시에서 코끼리를 돌보게 했어요. 그런데 하루에 콩을 네댓 말씩이나 먹어 치우는 코끼리는 괴물같이 덩치가 크고 하도 기이하게 생겨 구경꾼이 끊임없이 몰려들었어요. 그 바람에 코끼리는 큰 스트레스를 받고 있었어요. '이우'라는 신하가 침까지 뱉으며 놀리자 화가 난 코끼리는 그를 밟아 죽입니다. 이리하여 조선 최초로 코끼리 재판이 열렸어요. 그 결과, 코끼리는

1413년 전라도의 작은 섬인 노루섬으로 귀양을 가게 되었지요. 그곳에서 잘 먹지도 않고 점점 야위어 가던 코끼리는 사람을 보며 눈물까지 흘렸어요.

 어휘
- **통치:** 나라나 지역을 책임지고 다스림.
- **말:** 곡식의 부피를 잴 때 쓰는 옛 단위. 한 말은 약 18리터.
- **귀양:** 죄인을 먼 시골이나 섬으로 보내어 일정 기간 동안 제한된 곳에서만 살게 하던 형벌.
- **관찰사:** 조선 시대 각 도의 으뜸 벼슬.

코끼리의 딱한 사연을 접한 태종은 코끼리를 육지로 거두라고 했어요. 태종의 뒤를 이어 세종 역시 코끼리를 가엽게 여겨 잘 돌보라고 명령했어요. 그러나 코끼리가 ⟨_____⟩ 문제였어요. 참다못한 전라도 관찰사는 세종에게 코끼리를 감당하기 너무 힘들다며 여러 곳에서 돌아가며 키우게 해 달라고 청합니다. 그리하여 코끼리는 충청도로 가게 되었으나 그곳에서도 환영받지 못했어요. 충청도 관찰사는 코끼리가 돌봐 준 종을 밟아 죽이고, 일 년에 쌀과 콩을 무지막지하게 먹어 치우니 도저히 감당할 수 없다고 세종에게 글을 올려요. 결국 코끼리는 여기저기 놀림거리로 떠돌다 삶을 마쳤다고 해요.

1 이 글을 요약한 문장의 빈칸을 알맞게 채우세요.
종합력

보기
⟨ 삶 처음 코끼리 행운 ⟩

조선에 ☐ 온 ☐ 가 조선에 오게 된 사연과 이후의 ☐ .

2 ☐ 안에 들어갈 내용으로 알맞은 것에 O표 하세요.
이해력

❶ 조선에 처음으로 들어온 코끼리는 ⟨ 중국 ┆ 일본 ┆ 미국 ⟩ 의 쇼군이 선물한 거예요.

❷ 사람을 죽인 죄로 재판을 받은 코끼리는 ⟨ 노루섬 ┆ 자라섬 ┆ 코끼리섬 ⟩ 으로 귀양을 가요.

3 이야기를 생각하며 빈칸에 들어갈 내용을 고르세요. (   )

추론능력

> 그러나 코끼리가
>
> (   )
>
> 문제였어요. 참다못한
> 전라도 관찰사는 세종에게 코끼리를
> 감당하기 너무 힘들다며 여러 곳에서
> 돌아가며 키우게 해 달라고 청합니다.

① 너무 낯을 가리는 게

② 너무 많이 먹는 게

③ 너무 귀여운 게

④ 괴물 같은 모습인 게

4 조선에 온 코끼리의 삶을 다섯 부분으로 요약한 것입니다. 빈칸에 들어갈 내용으로 알맞은 것을 고르세요. (   )

분석력

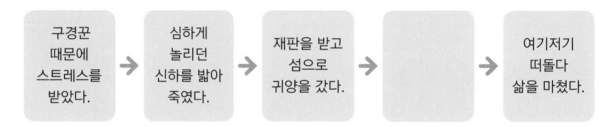

| 구경꾼 때문에 스트레스를 받았다. | → | 심하게 놀리던 신하를 밟아 죽였다. | → | 재판을 받고 섬으로 귀양을 갔다. | → | | → | 여기저기 떠돌다 삶을 마쳤다. |

① 충청도 육지로 왔다가 경상도로 갔다. ② 인도네시아에서 일본으로 갔다.

③ 전라도 육지로 왔다가 충청도로 갔다. ④ 전라도 육지로 왔다가 또 다른 섬으로 갔다.

5 각 문장의 역할을 제대로 설명한 어린이의 이름을 쓰세요. (   )

사고력

> ㉠ 그렇다면 코끼리가 최초로 우리 땅을 밟은 것은 언제일까요? ㉡ 기록에 따르면 조선 시대랍니다. ㉢ 코끼리가 조선에 어떻게 오게 되었는지 그리고 어떤 삶을 살았는지 알아보아요.

| ㉠은 읽는 이에게 새로운 정보를 알려 주는 역할을 해. | ㉡는 이 글의 내용이 글쓴이의 상상임을 알려 주는 역할을 해. | ㉢은 앞으로 나올 내용이 어떤 것일지 알려 주는 역할을 해. |

주희

수아

준서

6 이야기의 뼈대와 줄거리입니다. 빈칸에 들어갈 말을 골라 쓰세요.

내용 정리

> **보기**
>
> 귀양   재판   관찰사   관찰자   인도네시아   백제   조선   육지

| 글감의 소개 | [　　] 시대에 이미 존재가 알려져 있던 코끼리가 최초로 우리 땅을 밟은 것은 [　　] 시대예요. 코끼리가 조선에 오게 된 이유와 어떤 삶을 살았는지 알아보아요. |

⬇

| 코끼리가 조선에 온 이유 | [　　] 국왕에게 받은 코끼리를 일본의 쇼군이 우리나라에 선물하면서 조선에 들어오게 된 코끼리가 대형 사고를 쳐요. |

⬇

| 코끼리가 지은 죄와 [　　] 결과 | 스트레스를 받던 코끼리가 침까지 뱉으며 놀리는 신하를 밟아 죽여 재판을 받았고, 노루섬으로 [　　]을 가게 되지요. |

⬇

| 이후 코끼리의 삶과 죽음 | 태종은 코끼리를 [　　]로 거두라고 했고 세종은 잘 돌보라고 했지만, [　　]들의 청으로 코끼리는 여기저기 떠돌다 삶을 마쳤어요. |

7 이 글에 나오는 복합어를 찾아 쓰세요.

어휘력

> ☆ '구경' + 어떤 일 때문에 모인 사람의 뜻을 더하는 '꾼' = [　][　][　]
>
> ---
>
> ☆ '놀림' + 내용이 될 만한 재료의 뜻을 더하는 '거리' = [　][　][　][　]

교과 사회—보도문

항아리에서 금속 활자가 쏟아져 나왔다고?

🔊 다음 글을 소리 내어 읽어 보세요.

박꼬리 앵커

서울 한복판에서 조선 시대 금속 활자가 무더기로 출토되었다는 소식에 김꼼꼼 기자가 현장을 찾았습니다. 김꼼꼼 기자, 소식 전해 주시죠.

김꼼꼼 기자

네, 저는 조선 시대 한양의 중심부였던 인사동에 와 있습니다. 1900년대 건물을 철거하자 땅 아래에서 1800년대, 1700년대, 1600년대, 1500년대 집터가 마치 떡시루처럼 겹겹이 나왔는데요. 더 파고 들어가자 깨진 항아리에서 국보급 가치가 있는 세종 시대 금속 활자가 발굴됐다고 합니다. 발굴을 맡은 수도문물연구원 나똑똑 연구사를 이 자리에 모셨습니다. 안녕하세요, 연구사님!

나똑똑 연구사

네, 안녕하세요!

김꼼꼼 기자

이번에 출토된 금속 활자가 역사적으로 어떤 의미가 있나요?

나똑똑 연구사

네, 이번에 나온 금속 활자 1,600여 점은 지금까지 발굴된 것 중에서 가장 오래된 것으로 추정됩니다. 특히 일부는 세종 16년에 만든 갑인자로 추정되는데요.
(⎯⎯⎯⎯⎯⎯⎯⎯⎯⎯⎯) 서양 최초의 금속 활자로 여겨지는 구텐베르크 활자보다 앞선 금속 활자가 됩니다. 세계사가 바뀌는 역사적인 발굴이 되는 셈입니다.

어휘

- **출토**: 땅속에 묻혀 있던 물건이 밖으로 나옴. 또는 그것을 파냄.
- **철거**: 건물, 시설 따위를 무너뜨려 없애거나 걷어내어 치움.
- **향후** : 뒤이어 나오는 때.

김꼼꼼 기자

정말 대단하군요. 그런데 어떻게 이렇게 대량으로 묻혀 있었을까요?

나똑똑 연구사

아직 연구 중입니다만, 이 활자를 모아 둔 이가 당시 귀했던 구리를 녹여 재활용할 용도로 모아 두거나, 아니면 재산으로 보관하려고 땅에 묻었을 것으로 추측하고 있습니다.

김꼼꼼 기자

이 활자들은 앞으로 어떻게 관리되나요?

나똑똑 연구사

현재까지 출토된 유물은 국립고궁박물관에 보관 중입니다. 향후 활자들은 보존 처리와 분석 과정을 거칩니다. 또한, 대중들에게는 복제품을 전시할 예정입니다.

김꼼꼼 기자

그렇군요. 연구사님, 자세한 설명 감사합니다. 이번 유물 발굴 과정에서는 활자 이외에 물시계, 천문 시계 등도 함께 발견되었다고 하여 학계에서 많은 관심을 보이고 있습니다. 이상으로 인사동에서 전해 드렸습니다.

1 이 글을 요약한 문장의 빈칸을 알맞게 채우세요.

종합력

보기

관리   판매   활자   항아리

깨진 ☐ 에서 대량으로 발견된 금속 ☐ 의 역사적 의미와 대량 발견된 이유 및 향후 ☐ 에 대한 보도.

2 ☐ 안에 들어갈 내용으로 알맞은 것에 O표 하세요.

이해력

❶ 깨진 항아리에서 발굴된 금속 활자 중 일부는 [세종 | 정조 | 고종] 시대에 만든 것으로 추정되고 있어요.

❷ 출토된 활자는 [국립고궁박물관 | 수도문물연구원 | 항아리] 에 보관 중이에요.

3 이야기를 생각하며 빈칸에 들어갈 내용을 고르세요. (　　　)

추론능력

> 서양 최초의 금속 활자로 여겨지는
> 구텐베르크 활자보다
> 앞선 금속 활자가 됩니다.

① 만약 이것이 왕실의 것임이 확인되면

② 만약 이것이 서양의 것임이 확인되면

③ 만약 이것이 진짜임이 확인되면

---

4 김꼼꼼 기자의 보도 방식을 잘 분석한 친구의 번호를 쓰세요. (　　　)

분석력

① 김꼼꼼 기자는
이번 사건과 관련된
다양한 예를 들어
시청자를 설득하고 있어.

② 김꼼꼼 기자는
질문을 던지며
전문가의 답변을 유도하면서
시청자에게 정보를 전달하고 있어.

---

5 다음은 보도문의 일부입니다. 내용을 잘못 이해한 어린이의 이름을 쓰세요. (　　　)

사고력

> ㉠ 1900년대 건물을 철거하자 땅 아래에서 1800년대, 1700년대, 1600년대, 1500년대 집터가 마치 떡시루처럼 겹겹이 나왔는데요. ㉡ 이 활자를 모아 둔 이가 당시 귀했던 구리를 녹여 재활용할 용도로 모아 두거나, 아니면 재산으로 보관하려고 땅에 묻었을 것으로 추측하고 있습니다. ㉢ 향후 활자들은 보존 처리와 분석 과정을 거칩니다. 또한, 대중들에게는 복제품을 전시할 예정입니다.

㉠에 따르면
철거한 건물이 있던 자리에
집이 여러 번 지어졌어.

준서

㉡에 따르면
이번에 출토된 금속 활자에는
구리 성분이 들어 있어.

지후

㉢에 따르면
대중은 곧 출토된 활자의
진품을 보게 될 거야.

수아

6 이야기의 뼈대와 줄거리입니다. 빈칸에 들어갈 말을 골라 쓰세요.

내용정리

보기   대량   항아리   갑인자   재산   전시   세계사   구리   호리병

| 인사동 금속 활자 발굴 소식 | 박꾀꼬리 앵커가 김꼼꼼 기자를 부르자 김꼼꼼 기자는 철거 현장에서 나온 깨진 [   ]에서 금속 활자가 발굴되었다는 소식을 전했어요. |

↓

| 발굴된 활자의 역사적 의미 | 김꼼꼼 기자가 면담한 나똑똑 연구사는 이번에 나온 금속 활자가 세종 16년에 만든 [   ]로 추정되며, [   ]가 바뀌는 역사적 의미가 있다고 설명했어요. |

↓

| 활자가 [   ]으로 묻힌 까닭 | 활자가 대량으로 묻힌 까닭을 묻는 기자에게 연구사는 활자를 모아 둔 이가 [   ]를 재활용하려고, 또는 [   ]으로 보관하려고 묻었을 것이라 추측한다고 답했어요. |

↓

| 향후 관리에 대한 언급 및 보도의 마무리 | 연구사는 발굴된 활자들은 국립고궁박물관에 보관 중이며 복제품을 [   ]할 예정이라고 전했고, 김꼼꼼 기자는 다른 유물도 출토되어 학계의 관심이 높다는 말로 보도를 마무리했어요. |

7 이 글에 나오는 복합어를 찾아 쓰세요.

어휘력

☆ 바로의 뜻을 나타내는 '한' + '복판' = [ ][ ][ ]

☆ '집' + 자리나 장소를 나타내는 '터' = [ ][ ]

🔊 **다음 글을 소리 내어 읽어 보세요.**

（　　　　　　　　　　） 유산 중에서 특별히 법으로 보호하는 것을 문화재라고 해요. 문화재로 등록된 것 중에는 태극기도 18점이 있는데, 그중에서 가장 대표적인 태극기의 세 가지 특징과 역사적 가치를 알아보아요.

▲데니 태극기

첫 번째로 소개할 것은 국가등록문화재 제382호인 데니 태극기로 고종이 미국인 데니에게 하사한 태극기예요. 데니는 고종의 외교 고문으로 활동하면서 조선의 주권독립을 주장하며 청나라의 부당한 간섭을 비판했던 인물이지요. 데니 태극기는 가로 262cm, 세로 182.5cm로 상당히 큰 태극기예요. 흰색 바탕에 회오리처럼 휘감은 태극 문양과 4괘는 붉은색과 푸른색 천을 잘라 박음질했어요. 데니의 후손이 1981년 우리나라에 기증해서 지금은 국립중앙박물관에 전시되어 있어요. 현존하는 가장 오래된 태극기로서 우리나라의 국기 변천사 연구에 중요한 자료랍니다.

두 번째는 국가등록문화제 제387호인 대한독립만세 태극기예요. 1982년 9월 독립기념관이 건립될 때 수집된 태극기 중 하나인데, 1930~1940년대 미국에서 제작된 것으로 추정하고 있어요. 특이하게도 밑변 27.8cm, 높이 71.1cm인 삼각형 모양으로 마치 미국 대학의 깃발처럼 생겼어요. 바탕은 붉은색과 파란색 천을 연결하였고, 오른쪽 붉은색 부분에 깃봉이 있는 천 태극기를 박음질했어요. 왼쪽 파란색 부분에는 한자로 된 '대한 독립 만세'를 낱글자로 박음질했는데, '대한' 두 글자는 세로로 쓰여 있고, '독립 만세' 네 글자는 가로로 쓰여 있지요. 이 태극기는 당시 미국에서 이루어졌던 독립운동 연구의 귀한 자료랍니다.

▲대한독립만세 태극기

어휘
- **하사:** 임금이 신하에게, 또는 윗사람이 아랫사람에게 물건을 줌.
- **고문:** 어떤 분야에 대하여 지식과 경험을 바탕으로 의견을 제시하거나 조언을 하는 직책. 또는 그런 직책에 있는 사람.
- **건립:** 건물, 기념비, 동상, 탑 따위를 만들어 세움.

세 번째로 소개할 것은 국가등록 문화재 제389호인 한국광복군 서명문 태극기예요. 광복군에서 활동하던 문웅명 대원이 동료 대원에게 선물 받은 것으로 문웅명이 다른 부대로 옮기게 되자 이를 아쉬워한 동료 대원들이 태극기에 조국의 독립을 염원하는 글귀와 서명을 써 준 것이지요.

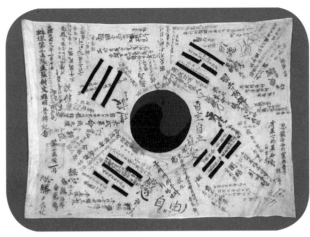

▲ 한국광복군 서명문 태극기

가로 87.9cm, 세로 61.8cm로 흰색 바탕에 붉은색과 검은색 옷감을 잘라 덧대어 태극 문양과 4괘를 박음질했어요. 이 태극기는 독립기념관에 전시되어 있으며, 당시 태극기 제작 기법 및 형태를 알려 준답니다.

※ 태극기의 크기는 문화재청의 기록에 따랐습니다.

1 이 글을 요약한 문장의 빈칸을 알맞게 채우세요.
종합력

보기
| 태극기 | 역사적 | 문화재 | 경제적 |

　　　로 등록된 　　　 중 대표적인 세 가지의 특징과

　　　 가치.

2 　　　 안에 들어갈 내용으로 알맞은 것에 O표 하세요.
이해력

❶ 데니 태극기는 지금 | 미국 | 한국 | 중국 | 에 전시되어 있어요.

❷ 대한독립만세 태극기는 특이하게도 | 삼각형 | 사각형 | 오각형 | 모양이에요.

3 이야기를 생각하며 빈칸에 들어갈 내용을 고르세요. (　　　)

> 유산 중에서 특별히 법으로
> 보호하는 것을 문화재라고 해요.

① 과학적 사실을 알려 주는

② 조상들의 역사를 보여 주는

③ 지리적 특성을 보여 주는

4 세 가지 태극기를 비교한 표의 빈칸에 들어갈 내용을 쓰세요.

	데니 태극기	대한독립만세 태극기	한국광복군 서명문 태극기
등록번호	제382호	제　□　호	제389호
관련된 사람이나 나라	고종의 외교 고문 데니	미국	광복군 □□□
역사적 의의	현존하는 태극기 중 가장 오래됨.	미국에서 이루어졌던 □□ 운동 연구의 귀한 자료	당시 태극기 제작 기법 및 □□를 알려 줌.

5 밑줄 친 부분의 숨은 뜻을 바르게 이해한 친구의 번호를 쓰세요. (　　　)

> (가) **현존하는 가장 오래된 태극기로서** 우리나라의 국기 변천사 연구에 중요한 자료랍니다.
>
> (나) 광복군에서 활동하던 문응명 대원이 동료 대원에게 선물 받은 것으로 **문응명이 다른 부대로 옮기게 되자** 이를 아쉬워한 동료 대원들이 태극기에 조국의 독립을 염원하는 글귀와 서명을 써 준 것이지요.

①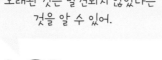
(가)를 통해 아직까지 데니 태극기보다 더 오래된 것은 발견되지 않았다는 것을 알 수 있어.

②
(나)를 통해 당시 광복군은 부대가 하나였음을 알 수 있어.

6 이야기의 뼈대와 줄거리입니다. 빈칸에 들어갈 말을 골라 쓰세요.

내용 정리

보기	삼각형 미국 법 회오리 광복군 오래된 해군 등록

글감의 소개	유산 중에서 ☐으로 보호하는 것을 문화재라고 하는데, 문화재로 ☐된 태극기 중 가장 대표적인 것 세 가지를 알아보도록 해요.

↓

데니 태극기의 특징과 역사적 가치	첫 번째는 ☐처럼 휘감은 태극 문양이 박음질된 데니 태극기로 고종이 데니에게 하사한 것으로, 현존하는 가장 ☐ 태극기이자 국기 변천사 연구에 중요한 자료이지요.

↓

대한독립만세 태극기의 특징과 역사적 가치	두 번째는 ☐ 모양의 대한독립만세 태극기로 붉은색 부분에는 태극기가, 파란색 부분에는 '대한 독립 만세'가 한자로 박음질되어 있는데, ☐ 독립운동 연구의 귀한 자료랍니다.

↓

한국광복군 서명문 태극기의 특징과 역사적 가치	세 번째는 한국광복군 서명문 태극기로 ☐의 글귀와 서명이 씌어 있으며, 당시 태극기 제작 기법 및 형태를 알려 주지요.

7 이 글에 나오는 복합어를 찾아 쓰세요.

어휘력

☆ '변천' + 역사의 뜻을 더하는 접미사 '사' = ☐☐☐

- -

☆ 여럿 가운데 따로따로를 뜻하는 '낱' + '글자' = ☐☐☐

 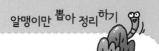
1 어울리는 내용끼리 알맞게 연결하세요.

울릉 나리 억새 투막집에 우데기가 둘려진 이유는	재판을 받고 섬으로 귀양을 갔어요.
고려 시대 삼복제는	겨울에 눈이 많이 오기 때문이에요.
전 세계에 사는 아프가니스탄 여성들이	금속 활자가 대량으로 출토되었어요.
최초로 우리 땅을 밟은 코끼리는	문화재로 등록되어 보호받고 있어요.
인사동 건물 철거 현장에서 나온 깨진 항아리에서	오늘날의 삼심 제도와 비슷해요.
데니 태극기, 대한독립만세 태극기, 한국광복군 서명문 태극기는	정부가 여성의 복장을 강요하는 것에 반발하여 드레스 시위를 했어요.

2 〈보기〉의 말을 낱말 판에서 찾아 묶어 보세요.

보기   분쟁   상소   무장   통치   출토   하사

량	하	웠	통	치	히	쳤	맞
류	사	괜	센	뤼	웠	뷔	분
됴	풀	제	째	규	출	슈	쟁
상	봇	못	옳	얹	토	뷰	받
소	퍼	않	곧	얄	휄	훈	퍼
쌀	튜	츄	무	장	쿠	쓸	튜

바쁜 초등학생을 위한 빠른 독해 정답

5단계 초등 5~6학년

① 정답을 확인한 후 틀린 문제는 ☆표를 쳐 놓으세요.
② 그리고 그 문제들만 다시 풀어 보는 습관을 들이면 최고!

✏️ 내가 틀린 문제를 확인하는 습관을 들이면
　아무리 바쁘더라도 공부 실력을 키울 수 있어요!

01 13~15쪽

1 듣는, 보는, 확인

2 ❶ 전한 ❷ 일흔

3 ③

4 ①

5 돌다리도 두들겨 보고 건너라

6 오랑캐, 조충국 ➡ 등장, 나이
➡ 없다 ➡ 백, 한

7 일으키다, 웃다

02 17~19쪽

1 오래, 크게, 성공

2 ❶ 조조 ❷ 최염과

3 ①

4 ②

5 공든 탑이 무너지랴

6 위나라, 조조 ➡ 자랑
➡ 최림, 최염 ➡ 성공, 그릇

7 맞이하다, 지내다

03 21~23쪽

1 잔꾀, 결과, 어리석은

2 ❶ 도토리 ❷ 일곱 개

3 ②

4 ①

5 눈 가리고 아웅

6 송, 원숭이 ➡ 제안, 아침
➡ 아우성 ➡ 네, 세

7 떨어지다, 구르다

04 25~27쪽

1 어리석어, 노력, 큰일

2 ❶ 두 산 ❷ 옥황상제는

3 ②

4 ②

5 하늘의 별 따기

6 산골짜기, 길 ➡ 반응, 맏아들
➡ 옥황상제, 하소연 ➡ 만세

7 깨, 깨다, 찾아가다

05 29~31쪽

1 중요한, 마무리, 완벽하게

2 ❶ 벽 ❷ 점을 꾹 찍어

3 ①

4 ①

5 다 된 죽에 코 빠뜨린다

6 양나라, 그림 ➡ 벽화, 용
➡ 주지, 살아나기 ➡ 구름

7 쉬, 쉬다, 떠나다

06 33~35쪽

1 싸우는, 힘, 이익

2 ❶ 조나라 ❷ 어부

3 ③

4 ②

5 재주는 곰이 넘고 돈은 왕 서방이 받는다

6 배경, 조 ➡ 조개, 어부
➡ 소대, 진 ➡ 연

7 쬐다, 놓다

첫째 마당 복습   36쪽

1 뜻풀이에 알맞은 고사성어를 완성하세요.

눈앞에 보이는 차이만 알고 결과가 같다는 것을 모른다.	조 삼 모 사
불가능해 보이는 일일지라도 우직하게 끝까지 하면 마침내 큰일을 이룰 수 있다.	우 공 이 산
실제로 경험해 보아야 확실히 알 수 있다.	백 문 불 여 일견
크게 될 사람은 늦게라도 성공한다.	대 기 만 성
가장 중요한 부분을 마무리하여 일을 완벽하게 한다.	화 룡 점 정
두 사람이 싸우는 틈에 엉뚱한 사람이 힘 하나 안 들이고 이익을 가로챘다.	어 부 지 리

2 〈보기〉의 말을 낱말 판에서 찾아 묶어 보세요.

보기   포위망   군주   아우성   호호백발   감지   화등잔

07   39~42쪽

1 이누이트, 이글루, 과학

2 ❶ 북극해 ❷ 온실

3 ③

4 ①

5 지후

6 이누이트, 주거 ➡ 지붕, 접착
   ➡ 온실 ➡ 혹한기, 난방

7 ②

08   43~45쪽

1 유럽, 화성, 반응

2 ❶ 화성 ❷ 물

3 ③

4

5 ㉠

6 화성, 하트 ➡ 남극, 크리스마스
   ➡ 지식, 행성 ➡ 모래

7 ①

다섯 고개 놀이

호 박사

나는 누구일까요? 첫째 마당에 나온 낱말이에요.

1. 저는 수염이 하얗고 길어요.
2. 큰 지팡이를 들고 다닌답니다.
3. 여러분이 저를 직접 볼 일은 아마 없을 거예요.
4. 《금도끼 은도끼》 같은 전래동화에서 볼 수 있어요.
5. 산을 지키는 일이 제 일이지요.

ㅅ	ㅅ	ㄹ

정답: 산신령

09 47~49쪽

1 김빠짐, 특징, 늦추는

2 ❶ 압력 ❷ 높게

3 ③

4 ①

5 ㉡

6 이산화탄소, 용해 ➡ 제조, 압력
  ➡ 밑바닥 ➡ 속도, 시원하게

7 ②

10 51~53쪽

1 오해, 분류법, 구조

2 ❶ 균계 ❷ 갓

3 ③

4 ②

5 수아

6 식물 ➡ 휘태커, 분류법
  ➡ 광합성, 균계 ➡ 구조, 지상

7 ②

11 55~57쪽

1 10, 궂은, 대표적인

2 ❶ 새털구름 ❷ 회색

3 ③

4 ㉡, ㉢, ㉣

5 소망이

6 날씨 ➡ 기본형, 모양, 높이
  ➡ 맑고 ➡ 태풍, 적란운

7 ②

12 59~61쪽

1 수국, 파란색, 여러

2 ❶ 제주도 ❷ 색깔을

3 ②

4 ①

5 ③

6 혼인지, 수국 ➡ 안토시아닌, 산성
  ➡ 백반, 달걀껍데기 ➡ 흰

7 ①

다섯 고개 놀이

호 박사

나는 누구일까요? 둘째 마당에 나온 낱말이에요.

1. 저는 무척 빠릅니다.

2. 산신령처럼 수염이 하얗고 길어요.

3. 굳이 따지자면 저는 서양 사람이라는 점이 다르지요.

4. 아마 지금은 여러분이 저를 믿지 않을 거예요.

5. 그렇지만 어릴 적에는 몹시도 저를 기다렸을 거예요.

ㅅ	ㅌ

둘째 마당 복습 62쪽

1 어울리는 내용끼리 알맞게 연결하세요.

혹한기에 이글루 안은	병 내부 압력을 바깥 기압보다 높게 해요.
마스 익스프레스가 촬영한 화성 표면 사진에	구름의 종류로 날씨에 대한 정보를 얻을 수 있어요.
탄산음료를 제조할 때는 이산화탄소 용해도를 높이기 위해	얼음벽에 물을 뿌려 난방해요.
버섯은 운동성이 없고 광합성도 안 하므로	산성 토양에서는 푸른색 꽃이, 염기성 토양에서는 붉은색 꽃이 펴요.
과학자들은 구름을 모양과 높이에 따라 10가지로 구분하는데	날개를 편 천사와 하트처럼 보이는 모습이 연출되었어요.
수국에는 안토시아닌이라는 성분이 들어 있어서	식물계가 아닌 균계에 속해요.

2 〈보기〉의 말을 낱말 판에서 찾아 묶어 보세요.

보기 혹한기 분화구 밀폐 번식 표준화 명소

류	뤼	히	표	준	화	뷔	맛
천	확	채	퍼	않	곧	훈	퍼
밀	폐	쿠	튜	츄	명	쏼	튜
류	뤼	히	번	휘	소	뷔	혹
됴	규	네	식	제	째	슈	한
분	화	구	봇	못	옳	뷰	기

 13 65~67쪽

1 노숙인, 경찰견, 논란

2 ❶ 눈을 ❷ 인력

3 ③

4 ①

5 지후

6 논란, 로봇 ➡ 근거, 안전
➡ 인권, 범죄자 ➡ 동의

7 ③

14 69~71쪽

1 경주, 문화, 느낀

2 ❶ 거북 ❷ 3개

3 ②

4 ②

5 준서

6 역사 ➡ 금관, 모전석탑
➡ 삼각형, 황금비 ➡ 감상, 석굴암

7 ①

15 73~75쪽

1 라디오, 떡타령, 가사

2 ❶ 떡 떡떼기야 ❷ 감자떡

3 ①

4

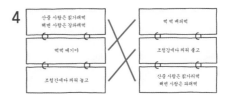

산중 사람은 칡가래떡 해변 사람은 갈파래떡	떡 떡 배피떡
떡떡 떼기야	조청강에다 찍워 좋고
조청잔에다 찍워 놓고	산중 사람은 칡가래떡 해변 사람은 파래떡

5 ②

6 민요 ➡ 명절, 떡타령
➡ 가사, 공유 ➡ 재료, 뱃노래

7 ③

 16 77~79쪽

1 투명, 분리배출, 협조

2 ❶ 재생섬유 ❷ 라벨을 뗀 뒤

3 ③

4 수아

5 ①

6 수입량, 재생 ➡ 무색, 이물질
➡ 분리배출, 일본 ➡ 의무화

7 ①

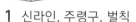 **17쪽**   81~83쪽

1 신라인, 주령구, 벌칙

2 **①** 복제품 **②** 육각형

3 ①

4 2.5, 2.5, 높이, 넓이

5 주희

6 주령구, 안압지 ➡ 넓이

➡ 벌칙, 창의적인 ➡ 설거지, 화장실

7 ②

18쪽   85~87쪽

1 민속, 연싸움, 우리말

2 **①** 말뚝지기 **②** 뺑줄 치다

3 ③

4 ①

5 사랑이

6 글감, 연날리기 ➡ 말뚝지기, 별박이

➡ 꼬드기다, 그루박다 ➡ 얼레

7 ①

셋째 마당 복습   88쪽

1 어울리는 내용끼리 알맞게 연결하세요.

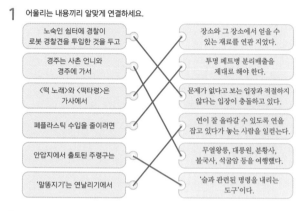

노숙인 쉼터에 경찰이 로봇 경찰견을 투입한 것을 두고		장소와 그 장소에서 얻을 수 있는 재료를 연관 지었다.
경주는 사촌 언니와 경주에 가서		투명 페트병 분리배출을 제대로 해야 한다.
〈떡 노래〉와 〈떡타령〉은 가사에서		문제가 없다고 보는 입장과 적절하지 않다는 입장이 충돌하고 있다.
페플라스틱 수입을 줄이려면		연이 잘 올라갈 수 있도록 연을 잡고 있다가 놓는 사람을 일컫는다.
안압지에서 출토된 주령구는		무열왕릉, 대릉원, 분황사, 불국사, 석굴암 등을 여행했다.
'말뚝지기'는 연날리기에서		'술과 관련된 명령을 내리는 도구'이다.

2 〈보기〉의 말을 낱말 판에서 찾아 묶어 보세요.

보기   복제품   투입   잠재적   분쇄   일석이조   얼레

류	얼	히	잠	재	적	뷔	맞
천	레	채	퍼	앟	곧	끊	퍼
했	원	쿠	튜	츄	투	컬	복
분	쇄	히	빼	화	입	뷔	제
됴	있	네	련	제	째	슈	품
일	석	이	조	멩	많	뷰	뗼

 **다섯 고개 놀이**

호 박사

나는 누구일까요? 셋째 마당에 나온 낱말이에요.

1. 저의 몸은 점투성이에요.

2. 저를 주사기라고 잘못 부르는 어린이도 있더군요.

3. 하지만 저는 주사기처럼 심보가 고약하지는 않답니다.

4. 저는 주로 놀이에 사용되거든요.

| ㅈ | ㅅ | ㅇ |

5. 여러분은 주로 저를 던지고 놀더군요.

정답 주사위

19 91~93쪽

1 강수량, 울릉도, 투막집

2 **①** 겨울 **②** 통나무

3 ③

4 ②

5 ①

6 사회, 울릉도 ➡ 기후

　➡ 구조, 우데기 ➡ 바람, 눈

7 통나무, 사랑방

 20 95~97쪽

1 삼심 제도, 고려 시대, 정신

2 **①** 민사 **②** 삼복

3 ①

4 전가난, 나부자

5 수아

6 종류, 판결 ➡ 대법원

　➡ 삼복제, 사형수 ➡ 법전, 인권

7 범죄자, 사형수

 21 99~101쪽

1 드레스, 관심, 상황

2 **①** 눈 **②** 탈레반

3 ①

4 3─1─2

5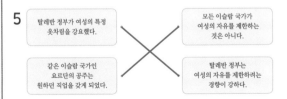

6 드레스, 아바야 ➡ 강요, 공주

　➡ 탈레반, 자유 ➡ 시위

7 소통망, 옷차림

 22 103~105쪽

1 처음, 코끼리, 삶

2 **①** 일본 **②** 노루섬

3 ②

4 ③

5 준서

6 백제, 조선 ➡ 인도네시아

　➡ 재판, 귀양 ➡ 육지, 관찰사

7 구경꾼, 놀림거리

 23 107~109쪽

1 항아리, 활자, 관리

2 **①** 세종 **②** 국립고궁박물관

3 ③

4 ②

5 수아

6 항아리 ➡ 갑인자, 세계사

　➡ 대량, 구리, 재산 ➡ 전시

7 한복판, 집터

 24 111~113쪽

1 문화재, 태극기, 역사적

2 **①** 한국 **②** 삼각형

3 ②

4 387, 문웅명, 독립, 형태

5 ①

6 법, 등록 ➡ 회오리, 오래된

　➡ 삼각형, 미국 ➡ 광복군

7 변천사, 낱글자

넷째 마당 복습   114쪽

1 어울리는 내용끼리 알맞게 연결하세요.

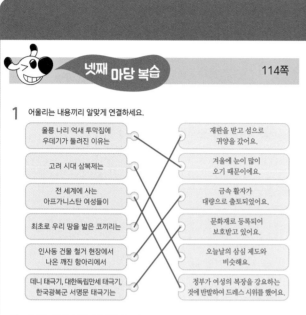

울릉 나리 억새 투막집에 우데기가 둘러진 이유는	재판을 받고 섬으로 귀양을 갔어요.
고려 시대 삼복제는	겨울에 눈이 많이 오기 때문이에요.
전 세계에 사는 아프가니스탄 여성들이	금속 활자가 대량으로 출토되었어요.
최초로 우리 땅을 밟은 코끼리는	문화재로 등록되어 보호받고 있어요.
인사동 건물 철거 현장에서 나온 깨진 항아리에서	오늘날의 삼심 제도와 비슷해요.
데니 태극기, 대한독립만세 태극기, 한국광복군 서명문 태극기는	정부가 여성의 복장을 강요하는 것에 반발하여 드레스 시위를 했어요.

2 〈보기〉의 말을 낱말 판에서 찾아 묶어 보세요.

보기 분쟁 상소 무장 통치 출토 하사

량	하	웠	통	치	히	쳤	맞
류	사	괜	센	뤼	웠	뷔	분
됴	풀	제	째	규	출	슈	쟁
상	봇	못	옳	얹	토	뷰	받
소	퍼	않	곧	얄	휄	훈	퍼
쌍	튜	츄	무	장	쿠	쓸	튜

바빠 독해 5단계 훈련 끝!

다섯 고개 놀이

호 박사

나는 누구일까요? 넷째 마당에 나온 낱말이에요.

1. 저는 화산섬이에요.

2. 저에게 오려면 뱃멀미를 좀 할 거예요.

3. 눈이 많이 오지요.

4. 오징어와 호박엿이 유명하지요.

5. 제 아우 이름은 독도랍니다.

| ㅇ | ㄹ | ㄷ |

울릉도 답정

[사진 제공 출처]

- 8과 마스 익스프레스가 촬영한 화성의 남극: 유럽우주국(ESA)
- 17과 주령구(80쪽): 백제역사여행
- 20과 경국대전(95쪽): 문화재청
- 22과 백제금동대향로(102쪽): 국립중앙박물관
- 24과 대한독립만세 태극기(110쪽): 독립기념관
- 24과 데니 태극기(110쪽): 국립중앙박물관
- 24과 한국광복군서명문 태극기(111쪽): 독립기념관

바빠 파닉스 ❶, ❷

바빠 사이트 워드 ❶, ❷

바빠 영단어 Starter ❶, ❷

바빠 3·4 영단어

바빠 5·6 영단어

바빠 5·6 영어 시제

바빠 3·4 영문법 ❶, ❷

바빠 5·6 영문법 ❶, ❷

바빠 5·6 영작문

바빠 ^{시리즈} 초등 학년별 추천 도서

학년	학기별 연산책 바빠 교과서 연산 학기 중, 선행용으로 추천!	나 혼자 푼다! 수학 문장제 학교 시험 서술형 완벽 대비!
1학년	·바쁜 1학년을 위한 빠른 교과서 연산 1-1 ·바쁜 1학년을 위한 빠른 교과서 연산 1-2	·나 혼자 푼다! 수학 문장제 1-1 ·나 혼자 푼다! 수학 문장제 1-2
2학년	·바쁜 2학년을 위한 빠른 교과서 연산 2-1 ·바쁜 2학년을 위한 빠른 교과서 연산 2-2	·나 혼자 푼다! 수학 문장제 2-1 ·나 혼자 푼다! 수학 문장제 2-2
3학년	·바쁜 3학년을 위한 빠른 교과서 연산 3-1 ·바쁜 3학년을 위한 빠른 교과서 연산 3-2	·나 혼자 푼다! 수학 문장제 3-1 ·나 혼자 푼다! 수학 문장제 3-2
4학년	·바쁜 4학년을 위한 빠른 교과서 연산 4-1 ·바쁜 4학년을 위한 빠른 교과서 연산 4-2	·나 혼자 푼다! 수학 문장제 4-1 ·나 혼자 푼다! 수학 문장제 4-2
5학년	·바쁜 5학년을 위한 빠른 교과서 연산 5-1 ·바쁜 5학년을 위한 빠른 교과서 연산 5-2	·나 혼자 푼다! 수학 문장제 5-1 ·나 혼자 푼다! 수학 문장제 5-2
6학년	·바쁜 6학년을 위한 빠른 교과서 연산 6-1 ·바쁜 6학년을 위한 빠른 교과서 연산 6-2	·나 혼자 푼다! 수학 문장제 6-1 ·나 혼자 푼다! 수학 문장제 6-2

'바빠 교과서 연산'과
'나 혼자 문장제'를
함께 풀면
한 학기 수학 완성!

바쁜 친구들이 즐거워지는 **빠른** 학습서

영역별 연산책 바빠 연산법

방학 때나 학습 결손이 생겼을 때~

- 바쁜 1·2학년을 위한 빠른 **덧셈**
- 바쁜 1·2학년을 위한 빠른 **뺄셈**
- 바쁜 초등학생을 위한 빠른 **구구단**
- 바쁜 초등학생을 위한
  빠른 **시계와 시간**
- 보일락 말락~ 바빠 **구구단판**
  + 원리노트

- 바쁜 초등학생을 위한
  빠른 **길이와 시간 계산**
- 바쁜 3·4학년을 위한 빠른 **덧셈**
- 바쁜 3·4학년을 위한 빠른 **뺄셈**
- 바쁜 3·4학년을 위한 빠른 **분수**
- 바쁜 3·4학년을 위한 빠른 **곱셈**
- 바쁜 3·4학년을 위한 빠른 **나눗셈**

- 바쁜 초등학생을 위한
  빠른 **약수와 배수**
- 바쁜 5·6학년을 위한 빠른 **곱셈**
- 바쁜 5·6학년을 위한 빠른 **나눗셈**
- 바쁜 5·6학년을 위한 빠른 **분수**
- 바쁜 5·6학년을 위한 빠른 **소수**

바빠 국어/ 급수한자

초등 교과서 필수 어휘와 문해력 완성!

- 바쁜 초등학생을 위한 빠른 **맞춤법 1**
- 바쁜 초등학생을 위한 빠른 **급수한자 8급**
- 바쁜 초등학생을 위한 빠른 **독해 1, 2**

- 바쁜 초등학생을 위한 빠른 **독해 3, 4**
- 바쁜 초등학생을 위한 빠른 **맞춤법 2**
- 바쁜 초등학생을 위한
  빠른 **급수한자 7급 1, 2**

- 바쁜 초등학생을 위한
  빠른 **급수한자 6급 1, 2, 3**
- 보일락 말락~ 바빠 **급수한자판**
  + 6·7·8급 모의시험

- 바쁜 초등학생을 위한 빠른 **독해 5, 6**

재미있게 읽다 보면
나도 모르게
교과 지식까지 쑥쑥!

바빠 영어

우리 집, 방학 특강 교재로 인기 최고!

- 바쁜 초등학생을 위한
  빠른 **영단어 스타터 1, 2**
- 바쁜 초등학생을 위한
  빠른 **사이트 워드 1, 2**
- 바쁜 초등학생을 위한
  빠른 **파닉스 1, 2**

- 바쁜 3·4학년을 위한 빠른 **영단어**
- 바쁜 3·4학년을 위한
  빠른 **영문법 1, 2**

같은 시간을
공부해도
효과 극대화!

- 바쁜 5·6학년을 위한 빠른 **영단어**
- 바쁜 5·6학년을 위한
  빠른 **영문법 1, 2**
- 바쁜 5·6학년을 위한
  빠른 영어특강 - **영어 시제 편**
- 바쁜 5·6학년을 위한 빠른 **영작문**

초등 영단어 베스트셀러

짝 단어로 의미 있게 외우면 오래 기억된다!

바쁜 5·6학년을 위한 빠른 영단어

교육부 권장 초등 ~ 중1 필수 영단어
영단어 mp3, QR코드 무료 제공

무조건 열심히 외우는 옛날식 단어 암기는 이제 그만!
단어를 짝으로 외우면 그 효과는 2배 이상!

단어가 오래 남는 과학적 학습법~
장기 기억으로 저장하는 치밀한 복습 설계

특별부록 스스로 시험 보는 접이접이 쓰기 노트

이지스에듀

🎧 원어민 MP3 제공 | 바빠 영단어 | 12,000원

★ ★ ★
짝 단어로 의미있게 외운다!

단어가 오래 남는
과학적 학습법

접이접이 영단어 쓰기 노트

접어서 사용해 봐!

특별부록 스스로 시험 보는 접이접이 쓰기 노트

+

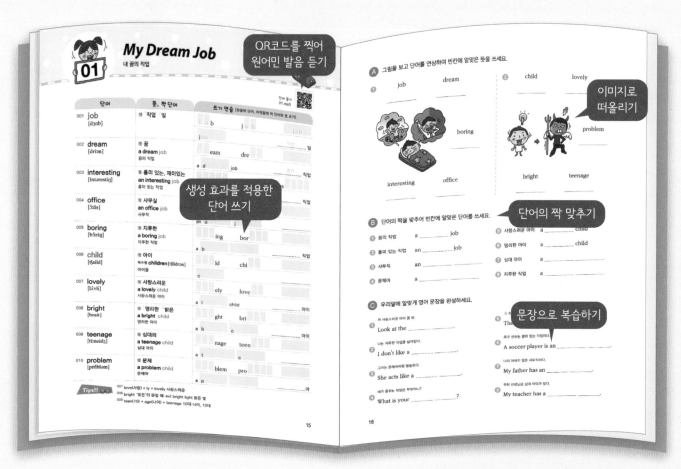

※바쁜 3·4학년을 위한 빠른 영단어도 있어요!